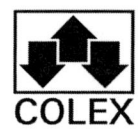

AF275845

COLEX

Disfrute gratuitamente **DURANTE UN AÑO** de los eBook y audiolibros de las obras de Editorial Colex*

⊛ Acceda a la página web de la editorial **www.colex.es**

⊛ Identifíquese con su usuario y contraseña. En caso de no disponer de una cuenta regístrese.

⊛ Acceda en el menú de usuario a la pestaña «Mis códigos» e introduzca el que aparece a continuación:

RASCAR PARA VISUALIZAR EL CÓDIGO

⊛ Una vez se valide el código, aparecerá una ventana de confirmación y su eBook y/o audiolibro estará disponible **durante 1 año desde su activación** en la pestaña «Mis libros» en el menú de usuario.

---

* Los audiolibros están disponibles en las ediciones más recientes de nuestras obras. Se excluyen expresamente las colecciones «Códigos comentados», «Biblioteca digital» y los productos de www.vademecumlegal.es.

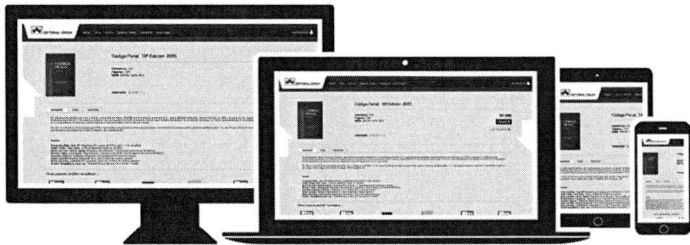

¡Gracias por confiar en nosotros!

La obra que acaba de adquirir incluye de forma gratuita la versión electrónica. Acceda a nuestra página web para aprovechar todas las funcionalidades de las que dispone en nuestro lector.

Funcionalidades eBook

Acceso desde cualquier dispositivo con conexión a internet

Idéntica visualización a la edición de papel

Navegación intuitiva

Tamaño del texto adaptable

Síguenos en: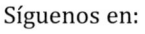

INGRESO MÍNIMO VITAL

Las claves del ingreso mínimo vital

INGRESO MÍNIMO VITAL

Las claves del ingreso mínimo vital

EDICIÓN 2025

Obra realizada por el Departamento de Documentación de Iberley

COLEX 2025

Copyright © 2025

Editorial Colex S.L. vela por la exactitud de los textos legales publicados. No obstante, advierte que la única normativa oficial se encuentra publicada en el BOE o Boletín Oficial correspondiente, siendo esta la única legalmente válida, y declinando cualquier responsabilidad por daños que puedan causarse debido a inexactitudes e incorrecciones en los mismos.

Editorial Colex S.L. habilitará a través de la web www.colex.es un servicio online para acceder a las eventuales correcciones de erratas de cualquier libro perteneciente a nuestra editorial.

© Editorial Colex, S.L.
Calle Costa Rica, número 5, 3.º B (local comercial)
A Coruña, 15004, A Coruña (Galicia)
info@colex.es
www.colex.es

I.S.B.N.: 978-84-1194-861-6
Depósito legal: C 63-2025

SUMARIO

ANEXO II. FORMULARIOS

0.
INTRODUCCIÓN. INGRESO MÍNIMO VITAL

El ingreso mínimo vital (en adelante, IMV) es una prestación económica de la Seguridad Social en su modalidad no contributiva, establecida por la Ley 19/2021, de 20 de diciembre (en adelante, LIMV), con el objetivo de garantizar un nivel mínimo de ingresos a los hogares en situación de vulnerabilidad económica en España. Esta medida surge en un contexto de alta desigualdad en la distribución de la renta entre los hogares españoles, donde los ingresos del veinte por ciento de los hogares de renta más baja representan solo una sexta parte de los ingresos del veinte por ciento con renta más alta, una proporción significativamente inferior a la media de la Unión Europea.

La creación del IMV responde a la necesidad de corregir las deficiencias del sistema de garantía de ingresos en España, caracterizado por su fragmentación y disparidad territorial. Antes de su implementación, las comunidades autónomas habían desarrollado sus propios sistemas de rentas mínimas, pero estos presentaban grandes variaciones en términos de cobertura y nivel de protección, lo que resultaba en una significativa heterogeneidad en el acceso a las prestaciones sociales.

El IMV se plantea como una herramienta para combatir la pobreza y la exclusión social, proporcionando una red de protección integral que incluye incentivos al empleo y efectos de inclusión social. Su finalidad inmediata es la cobertura de necesidades económicas reales, pero también persigue la mejora de oportunidades de inclusión social y laboral de los beneficiarios.

La aprobación del IMV ha supuesto un hito histórico en la protección social en España, integrándose con vocación estructural dentro del sistema de Seguridad Social y reforzando su contenido como garantía institucional. Esta prestación no es solo una respuesta a la crisis económica y social provocada por la pandemia de COVID-19, sino que también se configura como un seguro colectivo frente a futuros retos económicos y sociales.

Nuestra obra trata de desgranar esta importante prestación con el objetivo de responder tanto a dudas conceptuales como sobre los requisitos y obligaciones necesarios. Con ese fin trataremos los siguientes aspectos clave y requisitos de la prestación:

¿Qué es el ingreso mínimo vital?

El IMV es un derecho de ciudadanía que proporciona una renta mínima a quienes carecen de recursos suficientes, sin necesidad de haber cotizado previamente a la Seguridad Social. Esta prestación es compatible con otros ingresos, como salarios o prestaciones, siempre que no se supere el umbral de renta mínima establecido. De esta manera, el IMV complementa los ingresos hasta alcanzar el nivel mínimo garantizado, mejorando el bienestar de las personas y familias sin necesidad de renunciar a otras fuentes de ingresos.

¿Quién puede solicitar el IMV?

El IMV puede ser solicitado por:

1. Personas que vivan solas y sean independientes:
   » Deben tener entre 23 y 65 años, no estar casadas ni unidas como pareja de hecho, salvo en casos de separación o divorcio en trámite.
   » Las personas entre 18 y 22 años pueden solicitarlo si son víctimas de violencia de género, trata o explotación sexual, provienen de centros de protección de menores, son huérfanos absolutos o menores emancipados.
   » Deben haber vivido de forma independiente durante al menos los tres años anteriores y haber cotizado a la Seguridad Social al menos un año, salvo excepciones específicas.

2. Unidades de convivencia:
   » Formadas por personas que viven en el mismo domicilio, unidas por vínculo matrimonial, pareja de hecho o parentesco hasta el segundo grado.
   » También se incluyen personas que, sin tener vínculos familiares, comparten vivienda por necesidad.
   » La unidad de convivencia debe estar formada como tal desde hace al menos seis meses y cumplir con los requisitos de renta y patrimonio.

¿Qué requisitos previos debo cumplir para recibir el IMV?

1. Residencia en España: Los solicitantes deben acreditar residencia legal y efectiva en España de forma continuada durante al menos el año anterior a la solicitud, con algunas excepciones como menores incorporados a la unidad de convivencia, víctimas de trata o violencia de género.

2. Situación de vulnerabilidad económica: Se considera la renta y el patrimonio del solicitante o de la unidad de convivencia. Los ingresos deben ser inferiores a la cuantía del IMV para cada situación específica.

¿Qué requisitos previos debe cumplir mi unidad de convivencia para recibir el IMV?

- La unidad de convivencia debe estar formada desde hace al menos seis meses.
- El solicitante debe ser titular de una cuenta bancaria.

¿Qué cantidad me corresponde por el IMV?

La cuantía del IMV varía según el tipo de hogar y se actualiza anualmente. Por ejemplo, para el año 2025, un adulto solo recibiría 658,59 € mensuales, mientras que una unidad de convivencia formada por dos adultos y dos menores recibiría 1.355,90 € mensuales. Las unidades monoparentales tienen un incremento del 22 % en la cuantía.

¿Cómo se solicita el IMV?

La solicitud del IMV se puede realizar a través de la sede electrónica de la Seguridad Social, con o sin certificado digital. El plazo máximo para resolver la solicitud es de tres meses, y el pago de la prestación se efectúa mensualmente por transferencia bancaria.

Si me conceden el IMV, ¿qué obligaciones tengo?

Los beneficiarios del IMV deben proporcionar la documentación necesaria, comunicar cualquier cambio en su situación y presentar anualmente la declaración del IRPF. El incumplimiento de estas obligaciones puede conllevar sanciones, que van desde apercibimientos hasta la pérdida temporal de la prestación.

En resumen, el ingreso mínimo vital es una herramienta clave para combatir la pobreza y la exclusión social en España, proporcionando un nivel mínimo de renta y facilitando la inclusión social y laboral de las personas más vulnerables.

La prestación no contributiva y el IMV

Con carácter general, las prestaciones no contributivas (PNC) aseguran a todos los ciudadanos en ciertas situaciones (históricamente jubilación o incapacidad) y en estado de necesidad, una prestación económica, asistencia médico-farmacéutica gratuita y servicios sociales complementarios, aunque no se haya cotizado o se haya hecho de forma insuficiente para tener derecho a una pensión contributiva de la seguridad Social.

La regulación de las pensiones no contributivas de incapacidad y jubilación muestran el sistema de requisitos, con ciertas adaptaciones, que se ha implantado con posterioridad para el IMV. En concreto, el Real Decreto 357/1991, de 15 de marzo, por el que se desarrollan las características de las prestaciones no contributivas de invalidez y jubilación nos habla de:

- Residencia legal.
- Carencia de rentas o ingresos, rentas o ingresos computables.
- Unidad económica de convivencia.
- Cálculo de las cuantías, reconocimiento y efectos.
- Obligaciones de los beneficiarios, variación de rentas o ingresos.

- Incompatibilidad entre prestaciones.
- Extinción de los efectos económicos de las pensiones de invalidez y jubilación.
- Infracciones.

Los perceptores de toda prestación no contributiva estarán obligados al cumplimiento de lo establecido en el art. 368 de la LGSS: comunicar a la entidad que les abone la prestación cualquier variación de su situación de convivencia, estado civil, residencia y cuantas puedan tener incidencia en la conservación o la cuantía de aquellas en el año inmediato precedente.

Estos requisitos que podríamos denominar «comunes» a todas las PNC se han visto necesariamente focalizados a las particularidades de ciertos colectivos vulnerables con la configuración del ingreso mínimo vital como prestación no contributiva de la Seguridad Social. Prueba de ello han sido las continuas modificaciones normativa para facilitar el acceso a la prestación a personas sin hogar, en casos de mujeres violencia de género, divorcio o separación, así como afectados por desahucio, situaciones de convivencia complejas, mayores facilidades para la acreditación de la situación de riesgo de exclusión social, etc.

Así entendido, el ingreso mínimo vital, por tanto, no es una política dirigida a grupos o individuos concretos, sino que, atendiendo a aquellos que en un momento determinado sufren situaciones de exclusión y vulnerabilidad, protege de forma estructural a la sociedad en su conjunto. Esta política actuará así como un seguro colectivo frente a los retos que nuestras sociedades enfrentarán en el futuro próximo: carreras laborales más inciertas, nuevas vulnerabilidades como la puesta de manifiesto por la crisis de COVID-19, transformaciones económicas asociadas a la robotización o el cambio climático como la reciente DANA, y en general una mayor volatilidad en los ingresos y los empleos, problemas frente a los que casi nadie será inmune, pero que afectarán especialmente a los grupos sociales más vulnerables.

En este momento, por tanto, podríamos decir que nos encontramos ante una necesaria reorganización de las prestaciones no contributivas focalizada en colectivos particularmente vulnerables con el objetivo, utópico o realista según se quiera considerar, de contribuir a una mayor redistribución de la renta y la riqueza en nuestro país.

Claves de la Ley del Ingreso Mínimo Vital (Ley 19/2021, de 20 de diciembre)

El IMV se introdujo en 2020 mediante el derogado Real Decreto-ley 20/2020, de 29 de mayo, por el que se establece el ingreso mínimo vital, en un contexto de exigencia y necesidad a consecuencia de la pandemia. En diciembre de 2021 se consolidó en la **Ley 19/2021, de 20 de diciembre, por la que se establece el ingreso mínimo vital.**

La LIMV, en vigor desde el 1 de enero de 2022, tiene por objeto la creación y regulación del ingreso mínimo vital como prestación dirigida a prevenir el riesgo de pobreza y exclusión social de las personas que vivan solas o integradas en una unidad de convivencia, cuando se encuentren en una situación de vulnerabilidad por carecer de recursos económicos suficientes para la cobertura de sus necesidades básicas.

Los **aspectos más relevantes** de esta norma son:

− **Capítulo I:** disposiciones generales del ingreso mínimo vital (objeto, concepto, naturaleza y sus características).

» **¿Cuál es el objetivo del IMV?** El principal objetivo del ingreso mínimo vital será la reducción de la pobreza, especialmente la pobreza extrema, y la redistribución de la riqueza. Al asegurar un determinado nivel de renta con independencia del lugar de residencia, esta prestación de la Seguridad Social promoverá la igualdad efectiva de todos los españoles.

− **Capítulo II:** ámbito subjetivo del ingreso mínimo vital (se definen posibles solicitantes, figura del titular de la prestación y situación de vulnerabilidad económica; también se crea un complemento de ayuda para la infancia y se define la compatibilidad del ingreso mínimo vital con el empleo).

» **¿Quiénes pueden solicitar el IMV?** Podrán ser beneficiarias del ingreso mínimo vital las personas integrantes de una unidad de convivencia en los términos establecidos en esta LIMV y las personas de al menos veintitrés años que no se integren en una unidad de convivencia en los términos establecidos normativamente, siempre que no estén unidas a otra por vínculo matrimonial o como pareja de hecho, salvo las que hayan iniciado los trámites de separación o divorcio o las que se encuentren en otras circunstancias que puedan determinarse reglamentariamente. En todo caso, para tener la condición de beneficiario, se exigen una serie de requisitos para el acceso y el mantenimiento del derecho a la prestación y se exime de ciertos requisitos para determinadas situaciones.

» **¿Quién es el titular de la prestación?** La figura del titular de la prestación se define como las personas con capacidad jurídica que la solicite y la perciba, en nombre propio o en nombre de una unidad de convivencia. En este último caso, la persona titular asumirá la representación de la citada unidad.

» **¿Cuándo existe situación de vulnerabilidad económica?** Esta situación se da cuando el promedio mensual del conjunto de ingresos y rentas anuales computables de la persona beneficiaria individual o del conjunto de miembros de la unidad de convivencia, correspondientes al ejercicio anterior, sea al menos 10 euros inferior al nivel de renta garantizada para cada supuesto previsto, en función de las características de la persona beneficiaria individual o la unidad de convivencia, requiriéndose además que su patrimonio, excluida la vivienda habitual, sea inferior a los límites establecidos en la Ley 19/2021, de 20 de diciembre. Asimismo, se permite la solicitud de la prestación cuando no se reúna el requisito de vulnerabilidad económica en el ejercicio anterior, pero ésta haya sobrevenido durante el año en curso.

» **¿Qué cantidades supone el nuevo complemento de ayuda para la infancia?** Conlleva una cantidad mensual por cada menor de edad miembro de la unidad de convivencia en función de la edad. Para percibirlo, se establecen los umbrales de renta y patrimonio neto del 300 % de los límites del anexo I y del 150 % de los límites del anexo II, respectivamente, cumpliendo con el test de activos del anexo III.

– **Capítulo III:** se ocupa de la acción protectora (cantidades, conceptos de renta y patrimonio que dan derecho a la prestación, rentas garantizadas, especificaciones relativa a los hogares monoparentales y duración de la prestación, asimismo se determinan las causas de suspensión y extinción del derecho, las incompatibilidades y el reintegro de las prestaciones indebidas; y, finalmente, los mecanismos para acreditar el cumplimiento de los requisitos de acceso a la prestación).

» **¿Qué cantidades cubre el IMV?** El ingreso mínimo vital es una prestación económica de periodicidad mensual que cubre la diferencia entre el conjunto de ingresos que ha recibido el hogar unipersonal o la unidad de convivencia durante el año anterior y la renta garantizada determinada por la ley para cada supuesto, que se deduce de aplicar la escala establecida en el anexo I de la Ley 19/2021, de 20 de diciembre.

» **¿Qué renta se garantiza?** La renta garantizada para un hogar unipersonal es el equivalente al 100 por ciento del importe anual de las pensiones no contributivas de la Seguridad Social vigente en cada momento, dividido por 12. El importe de la renta garantizada se incrementa en función de la composición de la unidad de convivencia mediante la aplicación de unas escalas de incrementos.

» **¿Qué es el complemento de monoparentalidad?** El IMV fija una protección especial a los hogares monoparentales, estableciendo un complemento de monoparentalidad del 22 por ciento de la cuantía mensual de la pensión no contributiva unipersonal. En este caso, con el objetivo de proteger de manera más intensa a la infancia, se establecen escalas de equivalencia para los menores superiores a las utilizadas habitualmente en este tipo de prestaciones.

» **¿Cuánto tiempo se percibe el IMV?** El ingreso mínimo vital tiene carácter indefinido y se mantendrá siempre y cuando subsistan las causas que motivaron su concesión.

» **¿En el cómputo de ingresos se incluyen las prestaciones autonómicas en concepto de rentas mínimas?** En el cómputo de ingresos quedan expresamente excluidas las prestaciones autonómicas concedidas en concepto de rentas mínimas. Por tanto, el ingreso mínimo vital se configura como una prestación «suelo» que se hace compatible con las prestaciones autonómicas que las comunidades autónomas, en el ejercicio de sus competencias estatutarias, puedan conceder en concepto de rentas mínimas, tanto en términos de cobertura como de generosidad. De esta forma, el diseño del ingreso mínimo vital, respetando el principio de autonomía política, permite a las comunidades autónomas modular su acción protectora para adecuarla a las peculiaridades de su territorio, al tiempo que preserva su papel como última red de protección asistencial.

- **Capítulo IV**: procedimiento para la solicitud, el inicio de la tramitación y resolución del ingreso mínimo vital.

  » **¿Qué organismo es competente para el reconocimiento y control de la prestación?** El Instituto Nacional de la Seguridad Social será el competente para el reconocimiento y control de la prestación, sin perjuicio de la posibilidad de suscribir convenios y de las disposiciones adicionales cuarta y quinta. La tramitación del procedimiento se realizará por medios telemáticos.

- **Capítulo V**: regula la cooperación entre las administraciones públicas.

- **Capítulo VI**: determina el régimen de financiación del ingreso mínimo vital.

  » **¿Cómo se financia el IMV?** Se realizará a cargo del Estado mediante la correspondiente transferencia a los presupuestos de la Seguridad Social.

- **Capítulos VII y VIII**: establecen el régimen de obligaciones y el de infracciones y sanciones.

  » **¿Quiénes serán sancionados en caso de incumplimiento?** La ley establece que tanto las personas titulares y beneficiarias del derecho que hayan cometido la infracción, como aquellas otras que hubiesen cooperado en su comisión, serán responsables de las infracciones tipificadas en la ley.

  » **¿Se establecen sanciones accesorias?** Sí, como la extinción del derecho o la imposibilidad de resultar beneficiario a futuro, sin perjuicio del necesario reintegro de las cantidades indebidamente percibidas, para los casos de falseamiento, ocultación fraudulenta de cambios en la situación o cualquier otra actuación fraudulenta que den lugar al acceso indebido a la prestación, a su mantenimiento o a un aumento indebido de su importe.

- **Capítulo IX**: regula el régimen de control financiero de la prestación.

- **D.A. 1.ª**: incluye un mandato a regular reglamentariamente el Sello de Inclusión Social, con el que se distinguirá a aquellos empleadores de beneficiarios del ingreso mínimo vital que contribuyan al tránsito de los beneficiarios del ingreso mínimo vital desde una situación de riesgo de pobreza y exclusión a la participación activa en la sociedad.

- **D.A. 2.ª**: prevé la inclusión de las prestaciones del ingreso mínimo vital en el Registro de Prestaciones Sociales Públicas.

- **D.A. 3.ª**: regula el crédito extraordinario en el Presupuesto del Ministerio de Inclusión, Seguridad Social y Migraciones para financiar el ingreso mínimo vital en el ejercicio 2020.

- **D.A. 4.ª**: contempla la posibilidad de la celebración de convenios con comunidades autónomas para la gestión de la prestación.

- **D.A. 5.ª**: regula la aplicación de la ley en los territorios forales, en atención a la especificidad de las Haciendas Forales. Así, se contempla que dichos territorios asuman las funciones y servicios que la Ley atribuye al Instituto Nacional de Seguridad Social y se prevé que, mientras no se asuman dichas funciones, se firme una encomienda de gestión.

- **D.A. 6.ª**: habilita a la persona titular de la Dirección General del Instituto Nacional de la Seguridad Social para aprobar los modelos normalizados que deben cumplimentar los servicios sociales y Entidades del Tercer Sector de Acción Social para certificar los requisitos que la ley les habilita respecto de los solicitantes de la prestación.

- **D.A. 7.ª**: exime del pago de los precios públicos por servicios académicos universitarios para la realización de estudios conducentes a la obtención de títulos de carácter oficial a los beneficiarios de la prestación.

- **D.A. 8.ª**: exime del pago de precios públicos por la expedición del Documento Nacional de Identidad a los menores de 14 años integrados en una unidad de convivencia que solicite la prestación del ingreso mínimo vital.

- **D.A. 9.ª**: establece un procedimiento especial de reintegro de renta mínima autonómica indebidamente percibida con motivo del reconocimiento de la prestación económica del Ingreso mínimo vital.

- **D.A. 10.ª**: regula el reconocimiento del complemento de ayuda para la infancia a los beneficiarios de la asignación económica por hijo o menor a cargo sin discapacidad o con discapacidad inferior al 33 por ciento.

- **D.A. 11.ª**: regula la remisión de la identificación de los beneficiarios de la prestación del ingreso mínimo vital a los Servicios Públicos de Empleo de las Comunidades Autónomas para su inscripción, de oficio, como demandantes de empleo (se añade por el Real Decreto-ley 6/2022, de 29 de marzo con efectos del 31/03/2022).

- **D.A. 12.ª**: entre la batería de modificaciones realizadas sobre la prestación no contributiva de desempleo, el Real Decreto-ley 2/2024, de 21 de mayo, se establece la transición del subsidio por desempleo al Ingreso Mínimo Vital (IMV), con el objetivo de facilitar el acceso a esta prestación a quienes agoten el subsidio por desempleo y cumplan con los requisitos del IMV (se añade por el Real Decreto-ley 2/2024, de 21 de mayo, con efectos del 22/11/2024) (Subsidio por desempleo. Paso a paso. Colex. Año 2024).

- **D.T. 1.ª**: determina la prestación transitoria del ingreso mínimo vital hasta el 31 de diciembre de 2022, para los beneficiarios de la asignación económica por hijo o menor a cargo, sin discapacidad o con discapacidad inferior al 33 por ciento, que cumplan determinados requisitos y cuya asignación económica sea inferior al importe de la prestación del ingreso mínimo vital.

» **¿Qué sucede con los perceptores de la asignación económica por hijo o menor a cargo?** Desde el 31 de diciembre de 2022, los beneficiarios que mantengan los requisitos que dieron lugar al reconocimiento de la prestación transitoria, pasarán a ser beneficiarios del ingreso mínimo vital. Apreciándose en estos momentos circunstancias de extraordinaria necesidad derivadas de la crisis sanitaria que requieren su cobertura urgente, el Instituto Nacional de la Seguridad Social reconocerá la prestación transitoria de ingreso mínimo vital a los actuales beneficiarios de la prestación económica por hijo o menor a cargo del sistema de la Seguridad Social que reúnan determinados requisitos. Para la comprobación de dichos requisitos, de forma extraordinaria, como excepción al artículo 95.1 k) de la Ley 58/2003, de 17 de diciembre, General Tributaria, no se considerará necesario recabar el consentimiento para la tramitación de la prestación económica por hijo o menor a cargo, en tanto en cuanto la prestación transitoria de ingreso mínimo vital supone una mejora en la misma.

– **D.T. 2.ª:** regula el día a partir del cual podrán presentarse solicitudes y el momento a partir del cual se devenga la prestación.

– **D.T. 3ª:** prevé que, hasta el 31 de diciembre y con carácter excepcional, el control sobre el reconocimiento del derecho y de la obligación de los expedientes de la prestación no contributiva de ingreso mínimo vital será exclusivamente la de control financiero permanente.

– **D.T. 4.ª:** recoge la exención del pago de precios públicos por servicios académicos universitarios.

– **D.T. 5.ª:** se refiere a la financiación del ingreso mínimo vital.

– **D.T. 6.ª:** regula la integración de la prestación por hijo o menor a cargo en la prestación del ingreso mínimo vital. Asimismo, se precisa el régimen transitorio aplicable a las personas beneficiarias de la asignación económica por hijo o menor a cargo sin discapacidad o con discapacidad inferior al 33 por ciento.

» **¿Cómo se integrará la prestación por hijo o menor a cargo en la prestación del ingreso mínimo vital?** A partir de la entrada en vigor de esta Ley no podrán presentarse nuevas solicitudes para la asignación económica por hijo o menor a cargo sin discapacidad o con discapacidad inferior al 33 por ciento, sin perjuicio de que las personas beneficiarias que a 31 de diciembre de 2020 no cumplan los requisitos para ser beneficiarios del ingreso mínimo vital podrán ejercer el derecho de opción para volver a la asignación económica por hijo o menor a cargo del sistema de la Seguridad Social.

– **D.T. 7.ª:** se establece la colaboración de las Entidades del Tercer Sector de Acción social en la gestión de la prestación de Ingreso Mínimo Vital, mediante la posibilidad de acreditar determinadas circunstancias de los solicitantes de la prestación.

– **D.T. 8.ª:** se refiere a los procedimientos iniciados con anterioridad a la entrada en vigor de la Ley 19/2021, de 20 de diciembre.

» **¿Qué sucederá con los procedimientos iniciados con anterioridad a la entrada en vigor de la nueva ley?** Se fijan una serie de reglas diferenciando entre los procedimientos de reconocimiento del derecho a la prestación en los que no se hubiera dictado resolución (o no se hubiera resuelto la reclamación administrativa previa formulada) y aquellas prestaciones de IMV vigentes a 1 de enero de 2022.

- **D.T. 9.ª: incompatibilidad de las pensiones asistenciales reguladas en la Ley 45/1960, de 21 de julio, con nuevos reconocimientos de la prestación económica del ingreso mínimo vital.** Desde 1 de enero de 2023 la condición de beneficiario de la prestación económica del ingreso mínimo vital será incompatible con la de beneficiario de las pensiones asistenciales reguladas en la Ley 45/1960, de 21 de julio, por la que se crean determinados Fondos Nacionales para la aplicación social del Impuesto y del Ahorro, y suprimidas por la Ley 28/1992, de 24 de noviembre, de Medidas Presupuestarias Urgentes, que aún sigan percibiéndose (se añade por la Ley 31/2022, de 23 de diciembre con efectos de 01/01/2023).

- **D.T. 10.ª: reintegro de prestaciones indebidamente percibidas antes de la entrada en vigor del Real Decreto-ley 20/2022, de 27 de diciembre.** El Real Decreto-ley 20/2022, de 27 de diciembre, de medidas de respuesta a las consecuencias económicas y sociales de la Guerra de Ucrania y de apoyo a la reconstrucción de la isla de La Palma y a otras situaciones de vulnerabilidad establece un procedimiento para el reintegro de prestaciones indebidamente percibidas declaradas y exigidas desde el 28/12/2022. Con anterioridad a esa fecha será de aplicación la legislación vigente en la fecha de la resolución mediante la que se acordó su declaración y exigencia. (Se añade por el Real Decreto-ley 20/2022, de 27 de diciembre, con efectos de 28/12/2022).

- **D.D. Única:** dispone la derogación de cuantas normas se opongan a lo dispuesto en la Ley 19/2021.

- **Disposiciones finales:** se modifican el Real Decreto 397/1996, de 1 de marzo, la Ley 47/2003, de 26 de noviembre, el Real Decreto Legislativo 1/2015, de 24 de julio, la Ley General de la Seguridad Social [arts. 42.1.c), 72.2.ñ); 109.3.b), 130, 351.b) y 352.2], Ley 36/2011, de 10 de octubre [art. 2.o)] y la Ley 6/2018, de 3 de julio (creación de la Tarjeta Social Digital).

» La disposición final séptima autoriza al Gobierno para actualizar los valores, escalas y porcentajes de esta Ley, cuando, atendiendo a la evolución de las circunstancias sociales y económicas y de las situaciones de vulnerabilidad, así como a las evaluaciones periódicas de la AIReF (Autoridad Independiente de Responsabilidad Fiscal), se aprecie la necesidad de dicha modificación con el fin de que la prestación pueda mantener su acción protectora dirigida a prevenir el riesgo de pobreza, lograr la inclusión social y suplir las carencias de recursos económicos para la cobertura de necesidades básicas.

» La disposición final octava recoge la cláusula de salvaguardia para la modificación que se efectúa del Real Decreto 397/1996, de 1 de marzo, por el que se regula el registro de prestaciones sociales públicas, con el fin de que el ingreso mínimo vital se incorpore en dicho registro desde el momento de su puesta en marcha.

» La disposición final décima establece el título competencial y la disposición final decimoprimera introduce una habilitación para desarrollo reglamentario.

Entrada en vigor de la Ley 19/2021, de 20 de diciembre: tendrá lugar el mismo día 1 de enero de 2022.

Modificaciones normativas:

– Real Decreto-ley 2/2024, de 21 de mayo, por el que se adoptan medidas urgentes para la simplificación y mejora del nivel asistencial de la protección por desempleo, y para completar la transposición de la Directiva (UE) 2019/1158 del Parlamento Europeo y del Consejo, de 20 de junio de 2019, relativa a la conciliación de la vida familiar y la vida profesional de los progenitores y los cuidadores, y por la que se deroga la Directiva 2010/18/UE del Consejo.

– Real Decreto-ley 8/2023, de 27 de diciembre, por el que se adoptan medidas para afrontar las consecuencias económicas y sociales derivadas de los conflictos en Ucrania y Oriente Próximo, así como para paliar los efectos de la sequía.

– Real Decreto-ley 20/2022, de 27 de diciembre, de medidas de respuesta a las consecuencias económicas y sociales de la Guerra de Ucrania y de apoyo a la reconstrucción de la isla de La Palma y a otras situaciones de vulnerabilidad.

– Real Decreto-ley 6/2022, de 29 de marzo, por el que se adoptan medidas urgentes en el marco del Plan Nacional de respuesta a las consecuencias económicas y sociales de la guerra en Ucrania.

Competencia para la gestión del IMV

El Estado tiene la competencia exclusiva sobre la legislación básica y el régimen económico de la Seguridad Social (art. 373.1 de la LGSS), pero las comunidades autónomas pueden gestionar el IMV mediante convenios, siempre que no se comprometa la unidad del sistema ni la caja única de la Seguridad Social.

Sobre la competencia sobre el Ingreso Mínimo Vital (IMV), la STC n.º 19/2024, de 31 de enero de 2024, ha determinado que la gestión de las prestaciones de Seguridad Social, incluyendo el IMV, puede ser delegada a las comunidades autónomas mediante convenios específicos, sin que esto afecte la unidad del sistema de Seguridad Social. Esta gestión incluye la tramitación y pago de las prestaciones, pero siempre bajo la supervisión y coordinación del Estado para garantizar la uniformidad y solidaridad del sistema [Ingreso Mínimo Vital y Estado Social Autonómico: límites constitucionales de las competencias de las Comunidades Autónomas. Revista de jurisprudencia laboral n.º 3/2024. Monereo Pérez, José Luis].

De este modo se han publicado distintos convenios con el objeto la asunción por las comunidades de la gestión de la prestación no contributiva del Ingreso Mínimo Vital, a excepción del pago de la prestación y actuaciones que se deriven de ello, dentro del carácter unitario del régimen económico de la Seguridad Social y del respeto al principio de solidaridad, conteniendo los procedimientos, plazos y compromisos necesarios para una ordenada gestión de dicha prestación (arts. 17.1, 22.1 y 2, 24.1, 25.1 y 2, 26.1 y 2, D.A. 1.ª y D.A. 4.ª de la LIMV). A modo de ejemplo:

- Resolución 34/2022, de 22 de marzo, del Director de la Secretaría del Gobierno y de Relaciones con el Parlamento, por la que se dispone la publicación del Acuerdo de establecimiento del Convenio para la asunción por la Comunidad Autónoma del País Vasco de la gestión de la prestación no contributiva del Ingreso Mínimo Vital.

- Resolución de 29 de agosto de 2024, de la Secretaría General Técnica, por la que se publica el Convenio con la Generalitat de Catalunya, para la asunción por la Generalitat de la gestión de la prestación no contributiva del ingreso mínimo vital.

1.
¿EN QUÉ CONSISTE EL INGRESO MÍNIMO VITAL?

El ingreso mínimo vital se configura como una prestación económica en su modalidad no contributiva dirigida a prevenir el riesgo de pobreza y exclusión social de las personas que vivan solas o integradas en una unidad de convivencia, cuando se encuentren en una situación de vulnerabilidad por carecer de recursos económicos suficientes para la cobertura de sus necesidades básicas. A través de este instrumento se persigue garantizar:

- Un **nivel mínimo de renta** mediante la cobertura de la diferencia existente entre la suma de los recursos económicos de cualquier naturaleza de que disponga la persona beneficiaria individual o, en su caso, los integrantes de una unidad de convivencia, y la cuantía de renta garantizada para cada supuesto (art. 13 de la Ley 19/2021, de 20 de diciembre).

- Una **acción protectora** diferenciando según se dirija a un beneficiario individual o a una unidad de convivencia, en este caso, atendiendo a su estructura y características específicas.

- **Prolongar la prestación mientras persista la situación de vulnerabilidad** económica y se mantengan los requisitos que originaron el derecho a su percepción.

- **El establecimiento de incentivos al empleo.** El ingreso mínimo vital se ha diseñado como una red de protección dirigida **a permitir el tránsito desde una situación de exclusión a una de participación en la sociedad**. Contendrá, para ello, en su diseño incentivos al empleo y a la inclusión, articulados a través de distintas fórmulas de cooperación entre administraciones.

CUESTIÓN

¿Cuál es la diferencia entre el ingreso mínimo vital y la renta mínima garantizada?

La diferencia entre el ingreso mínimo vital (IMV) y la renta mínima garantizada (RMG) radica principalmente en su ámbito de aplicación y en los requisitos específicos para acceder a cada una de estas prestaciones. El IMV es una prestación estatal destinada a garantizar un nivel mínimo de renta en toda España, mientras que la RMG es una prestación autonómica destinada a personas en situación de exclusión social dentro de cada comunidad autónoma.

Ambas prestaciones pueden ser compatibles en ciertos casos, permitiendo complementar los ingresos de los beneficiarios.

2.
PERSONAS BENEFICIARIAS, TITULARES DEL DERECHO Y UNIDAD DE CONVIVENCIA

Una de las mayores dificultades de la prestación es la necesidad de definir y aplicar una serie de conceptos en los que se basa el derecho o no a prestación. Prueba de ello es que la propia ley habla de **personas beneficiarias, titular de la prestación, unidad de convivencia y situaciones especiales.** En múltiples ocasiones el posible beneficiario cumplirá los requisitos de acceso a la prestación, pero su convivencia con otras personas puede hacer que se deniegue.

2.1. Personas beneficiarias y requisitos

Atendiendo al art. 4 de la LIMV podrán ser beneficiarias del ingreso mínimo vital las **personas que vivan solas o los integrantes de una unidad de convivencia** que, con carácter general, estará formada por dos o más personas que residan en la misma vivienda y que estén unidas entre sí por consanguinidad o afinidad hasta el segundo grado, si bien se establecen excepciones para contemplar determinados supuestos, como es el caso de las personas que sin tener vínculos familiares comparten vivienda por situación de necesidad. En todo caso, para tener la condición de beneficiario, **se exigen una serie de requisitos para el acceso y otros para el mantenimiento del derecho a la prestación por parte de su titular.** Es decir, junto a los que podríamos denominar requisitos para poder tener la consideración de personas beneficiarias (art. 4 de la LIMV) existen los requisitos de acceso a la prestación (art. 10 de la LIMV) así como los requisitos para el mantenimiento del derecho (art. 36 de la LIMV).

Requisitos para tener la condición de beneficiario del IMV

Siguiendo la estructura de la Ley 19/2021, de 20 de diciembre, en primer lugar indicamos los **requisitos para tener la condición de beneficiario del IMV:**

– Cuando el beneficiario se integre en una unidad de convivencia los términos se establecen en el art. 6 de la Ley 19/2021, de 20 de

diciembre. El estudio de esta opción se desarrolla más adelante en el apartado destinado a la unidad de convivencia, situaciones especiales y consideración del domicilio en supuestos especiales para el derecho al ingreso mínimo vital.

– **Edad.** La norma no establece de forma clara rangos de edad, pero si limita de una manera u otra la posibilidad de ser beneficiario del IMV:

» **Personas de entre 18 y 22 años.** Se fijan unos supuestos concretos en los que no se exigirá el cumplimiento de 23 años:

◆ Cuando provengan de centros residenciales de protección de menores de las diferentes comunidades autónomas habiendo estado bajo la tutela de entidades públicas de protección de menores dentro de los tres años anteriores a la mayoría de edad, o sean huérfanos absolutos, siempre que vivan solos sin integrarse en una unidad de convivencia.

◆ En los supuestos de mujeres víctimas de violencia de género o de trata de seres humanos y explotación sexual.

◆ Huérfanos absolutos o menores emancipados, siempre que vivan solos sin integrarse en una unidad de convivencia.

» **Personas de al menos 23 años.** En este caso se exige que no sean beneficiarias de pensión contributiva por jubilación o incapacidad permanente, ni de pensión no contributiva por invalidez o jubilación, que no se integren en una unidad de convivencia en los términos establecidos en la LIMV, siempre que no estén unidas a otra por vínculo matrimonial o como pareja de hecho, salvo las que hayan iniciado los trámites de separación o divorcio o las que se encuentren en otras circunstancias que puedan determinarse reglamentariamente. En este caso se establece un nuevo filtro por edad para (art. 10.2 de la LIMV):

◆ **Personas menores de 30 años que viven solas.** Deberán acreditar haber vivido durante al menos los dos años previos de forma independiente de los progenitores y haber cotizado al menos al menos doce meses, continuados o no, en situación de alta en cualquiera de los regímenes que integran el sistema de la Seguridad Social, incluido el de Clases Pasivas del Estado, o en una mutualidad de previsión social alternativa al Régimen Especial de la Seguridad Social de los Trabajadores por Cuenta Propia o Autónomos.

◆ **Personas mayores de 30 años en la fecha de la solicitud que viven solas.** Deberán acreditar que, durante el año inmediatamente anterior a dicha fecha, su domicilio en España ha sido distinto al de sus progenitores, tutores o acogedores (no se exige haber cotizado un año a la Seguridad Social).

2.2. Titulares del ingreso mínimo vital y requisitos

Se regula también de forma independiente la figura del **titular de la prestación**, que serán las personas con capacidad jurídica que la soliciten y la perciban, en nombre propio o en nombre de una unidad de convivencia, asumiendo también, en este último caso, la representación de la unidad de convivencia.

Como es lógico, la persona solicitante también deberá reunir los requisitos para ser titular de la prestación, pero en este caso se configuran otra serie de requisitos que deben cumplir los titulares de esta prestación (art. 5 de la Ley 19/2021, de 20 de diciembre):

- **Persona con capacidad jurídica.** Las personas con capacidad jurídica que la soliciten y la perciban, en nombre propio o en nombre de una unidad de convivencia. En este último caso, la persona titular asumirá la representación de la citada unidad.

- **Edad mínima de 23 años.** Las personas titulares, cuando estén integradas en una unidad de convivencia, deberán tener una edad mínima de 23 años, o ser mayores de edad o menores emancipados en caso de tener hijos o menores en régimen de guarda con fines de adopción o acogimiento familiar permanente, o huérfanos absolutos cuando sean los únicos miembros de la unidad de convivencia y ninguno de ellos alcance la edad de 23 años.

- **Reconocimiento de la prestación.** En el supuesto de que, en una unidad de convivencia, existieran varias personas que pudieran ostentar tal condición, será considerada titular la persona a la que se le reconozca la prestación solicitada en nombre de la unidad de convivencia.

> **A TENER EN CUENTA.** En los términos que se establezcan reglamentariamente, la entidad gestora podrá acordar el pago de la prestación a otro de los miembros de la unidad de convivencia distintos del titular.

CUESTIÓN

¿Quién deberá firmar la solicitud de la prestación de IMV?

Según lo dispuesto en el art. 5 de la Ley 19/2021, de 20 de diciembre, la solicitud deberá ir firmada, en su caso, por todos los integrantes de la unidad de convivencia mayores de edad que no tengan establecidas judicialmente medidas de apoyo para la toma de decisiones. Las personas que tengan establecidas judicialmente medidas de apoyo para la toma de decisiones actuarán según lo dispuesto en estas medidas.

Requisitos de las personas titulares para el mantenimiento del derecho a la prestación IMV

Los art. 36 y 37 de la Ley 19/2021, de 20 de diciembre, configuran una serie de obligaciones de las personas beneficiarias del ingreso mínimo vital.

Durante el tiempo de percepción de la prestación, las personas titulares del IMV estarán sujetas a un régimen de obligaciones:

- Proporcionar la documentación e información precisa en orden a la acreditación de los requisitos y la conservación de la prestación, así como para garantizar la recepción de notificaciones y comunicaciones.

- Comunicar cualquier cambio o situación que pudiera dar lugar a la modificación, suspensión o extinción de la prestación, en el plazo de treinta días naturales desde que estos se produzcan.

- Comunicar cualquier cambio de domicilio o de situación en el Padrón municipal que afecte personalmente a dichos titulares o a cualquier otro miembro que forme parte de la unidad de convivencia, en el plazo de treinta días naturales desde que se produzcan.

- Reintegrar el importe de las prestaciones indebidamente percibidas.

- Comunicar a la entidad gestora, con carácter previo, las salidas al extranjero, tanto del titular como de los miembros de la unidad de convivencia, por un periodo, continuado o no, superior a noventa días naturales durante cada año natural, así como, en su caso, justificar la ausencia del territorio español de conformidad con lo previsto en el último párrafo del artículo 10.1.a).

- Presentar anualmente declaración correspondiente al Impuesto sobre la Renta de las Personas Físicas.

- En caso de compatibilizar la prestación del ingreso mínimo vital con las rentas del trabajo o la actividad económica, cumplir las condiciones establecidas para el acceso y mantenimiento de dicha compatibilidad.

- Participar en las estrategias de inclusión que promueve el Ministerio de Inclusión, Seguridad Social y Migraciones, en los términos que se establezcan.

- Cualquier otra obligación que pueda establecerse reglamentariamente.

2.3. Unidad de convivencia y sus consideraciones especiales

La unidad de convivencia (UC) en el ámbito de la prestación objeto de análisis sirve para verificar si el solicitante cumple el requisito de encontrarse en situación de vulnerabilidad económica por carecer de rentas, ingresos o patrimonio suficientes (en los términos establecidos en el art. 11 de la LIMV) que para el reconocimiento del ingreso mínimo vital exige el art. 10.1.b) de la LIMV (STSJ de Madrid, rec. 1046/ 2023, de 15 de febrero de 2024).

Dado que el IMV se conforma como una ayuda a nivel de unidad de convivencia, es decir, personas que viven en el mismo domicilio y que tienen un vínculo familiar, inicialmente se consideró, con carácter general, que una unidad de convivencia estaba formada por dos o más personas que residan en la misma vivienda y que estén unidas entre sí por consanguinidad o afinidad hasta el segundo grado. Sin embargo, las posteriores reformas del derogado RD-ley 20/2020 (actual Ley 19/2021, de 20 de diciembre) han ido estableciendo excepciones para contemplar determinados supuestos y adaptándose a situaciones especiales que se han detectado.

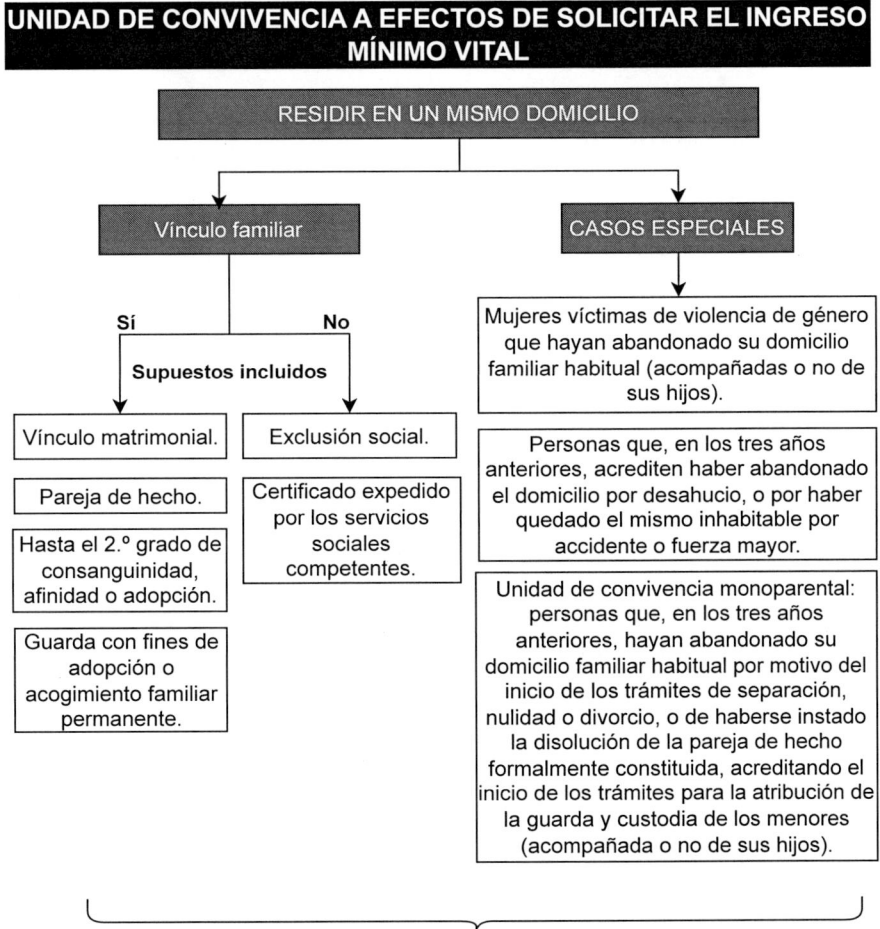

La existencia de la unidad de convivencia se acreditará con el libro de familia, certificado del registro civil, y con los datos obrantes en los Padrones municipales relativos a los inscritos en la misma vivienda.

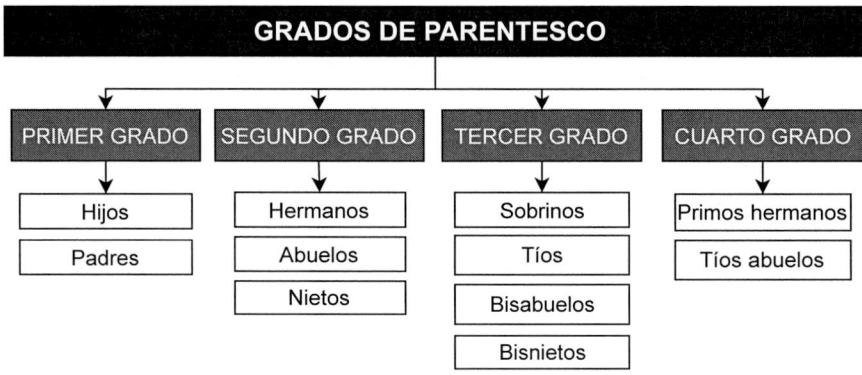

Se considera unidad de convivencia la constituida por todas las personas que residan en un mismo domicilio y que estén unidas entre sí por vínculo matrimonial, como pareja de hecho o por vínculo hasta el segundo grado de consanguinidad, afinidad, adopción, y otras personas con las que convivan en virtud de guarda con fines de adopción o acogimiento familiar permanente (art. 7 de la LIMV), si bien se establecen **excepciones** para contemplar determinados supuestos. A efectos de configurar la unidad de convivencia debemos tener en cuenta:

- **Pareja de hecho con al menos dos años de antelación.** Se considerará pareja de hecho la constituida con análoga relación de afectividad a la conyugal con al menos dos años de antelación, por quienes, no hallándose impedidos para contraer matrimonio, no tengan vínculo matrimonial con otra persona y hayan convivido de forma estable y notoria con carácter inmediato a la solicitud de la prestación y con una duración ininterrumpida no inferior a cinco años.

- **Fallecimiento de alguna de las personas que constituyen la unidad de convivencia.** El fallecimiento de alguna de las personas que constituyen la unidad de convivencia no altera la consideración de tal, aunque dicho fallecimiento suponga la pérdida, entre los supérstites, de los vínculos previstos en el apartado anterior.

- **Tener residencia legal y efectiva en España de forma continuada durante el último año.** Es requisito para la consideración de integrante de la unidad de convivencia la residencia efectiva, legal y continuada en España.

Sobre lo anterior, cabe hacer **tres precisiones:**

- El beneficiario debe acreditar formar parte de una UC durante al menos los seis meses anteriores a la presentación de la solicitud (art. 21.9 de la LIMV).

- En ningún caso, una misma persona podrá formar parte de dos o más unidades de convivencia.

- Se considerará que no rompe la convivencia la separación transitoria por razón de estudios, trabajo, tratamiento médico, rehabilitación u otras causas similares.

CUESTIONES

1. A efectos del IMV, ¿por quién está constituida la unidad de convivencia?

Para el IMV, la unidad de convivencia está formada por todas las personas que conviven en el mismo domicilio, siempre que estén unidas por vínculo matrimonial, por pareja de hecho o por vínculo de hasta segundo grado de consanguinidad.

2. ¿Cómo se acredita la unidad de convivencia?

Dado que todas las personas de la familia hasta segundo grado de consanguinidad que estén empadronadas en el domicilio contarán como integrantes de la unidad de convivencia, para verificar la misma se deberá adjuntar a la solicitud el certificado de empadronamiento histórico y colectivo, que acredita las personas que residen en el domicilio, junto con el libro de familia.

3. ¿En qué momento será valorada la unidad de convivencia?

En el momento de la solicitud el beneficiario ha de cumplir los requisitos que precisan los art. 6 y especialmente el art. 10.3 de la LIMV.

4. ¿Con cuánto tiempo de anterioridad a la solicitud deben cumplirse los requisitos asociados a la existencia de unidad de convivencia?

Se exigirá que la misma esté constituida, en los términos de los arts. 6, 7 y 8 de la LIMV, durante al menos los seis meses anteriores a la presentación de la solicitud, de forma continuada (art. 10.3 de la LIMV y SJS de Castellón de la Plana, rec. 376/2021, de 24 de octubre del 2022, ECLI:ES:JSO:2022:7037).

5. Una persona solicita el IMV alegando que su unidad de convivencia está compuesta por cuatro personas: ella, su padre, su madre y su hermana. El INSS deniega su solicitud, argumentando que la unidad de convivencia es incorrecta según el padrón municipal, donde constan seis personas. Consecuentemente, la prestacionista subsana su error tipográfico en la reclamación administrativa previa aportando un certificado de inscripción padronal actualizado donde aparecen las seis personas que forman su unidad de convivencia. Si se cumplen los requisitos para acceder a al ingreso mínimo vital, ¿el INSS debe aceptar la corrección del error y conceder la prestación?

Sí, si se cumplen los requisitos para acceder al ingreso mínimo vital y se presenta la corrección del error en la unidad de convivencia, el INSS debe aceptar dicha corrección y conceder la prestación. La normativa permite la rectificación de errores materiales (art. 109 de la Ley 39/2015, de 1 de octubre). En este sentido STSJ de Andalucía n.º 1894/2022, de 10 de noviembre de 2022, ECLI:ES:TSJAND:2022:12065.

RESOLUCIONES RELEVANTES

STSJ de Comunidad Valenciana n.º 1924/2023, de 20 de junio, 2904/2022

«(...) El artículo 19.3 del Real Decreto-ley 20/2020 dispone que "el domicilio en España se acreditará con el certificado de empadronamiento", previsión que ha pasado posteriormente al artículo 21.3 de la Ley 19/2021, de 20 de diciembre, por la que se establece el ingreso mínimo vital. A su vez, el artículo 15 de la Ley 7/1985, de Bases del Régimen Local, dispone que toda persona que viva en España está obligada a inscribirse en el Padrón del municipio en el que resida habitualmente, precisando que quien viva en varios municipios deberá inscribirse únicamente en el que habite durante más tiempo al año; estableciendo el artículo 16 de la misma Ley que el Padrón municipal es el registro administrativo donde constan los vecinos de un municipio y que "sus datos constituyen prueba de la residencia en el municipio y del domicilio habitual en el mismo", así como que "las certificaciones que de dichos datos se expidan tendrán carácter de documento público y fehaciente para todos los efectos administrativos».

Las personas integrantes de la unidad de convivencia estarán obligadas a (art. 36.2 de la LIMV):

- Comunicar el fallecimiento del titular.
- Poner en conocimiento de la administración cualquier hecho que distorsione el fin de la prestación otorgada.
- Presentar anualmente declaración correspondiente al Impuesto sobre la Renta de las Personas Físicas.
- Cumplir las obligaciones impuestas al titular y este, cualquiera que sea el motivo, no lleva a cabo.
- En caso de compatibilizar la prestación del ingreso mínimo vital con las rentas del trabajo o la actividad económica (art. 11.4 de la Ley 19/2021, de 20 de diciembre), cumplir las condiciones establecidas para el acceso y mantenimiento de dicha compatibilidad.
- Participar en las estrategias de inclusión que promueve el Ministerio de Inclusión, Seguridad Social y Migraciones (art. 31.1 de la Ley 19/2021, de 20 de diciembre).
- Cumplir cualquier otra obligación que pueda establecerse reglamentariamente.

2.3.1. Parejas de hecho

Se considerará pareja de hecho la constituida con análoga relación de afectividad a la conyugal por quienes, no hallándose impedidos para contraer matrimonio, no tengan vínculo matrimonial, ni constituida pareja de hecho con otra persona y acredite en dicha constitución, de conformidad con lo previsto en el párrafo quinto del artículo 21.4 de la LIMV (STSJ de Madrid n.º 150/2023, de 2 de marzo de 2023, ECLI:ES:TSJM:2023:2306).

La existencia de pareja de hecho se acreditará mediante certificación de la inscripción en alguno de los registros específicos existentes en las comunidades autónomas o ayuntamientos del lugar de residencia, en su caso, o documento público en el que conste la constitución de dicha pareja. Tanto la mencionada inscripción como la formalización del correspondiente documento público deberán haberse producido con una **antelación mínima de dos años con respecto a la fecha de la solicitud de la prestación**, no requiriéndose este plazo en el caso de que existan hijos o hijas en común. No se exigirá el requisito de inscripción en un registro de parejas de hecho, ni constitución de dicha pareja en documento público, en el caso de que se tengan hijos o hijas comunes (art. 21.4 de la LIMV).

El inicio de los trámites de separación o divorcio, o su existencia, se acreditará con la presentación de la demanda o con la correspondiente resolución judicial, o mediante documento público.

No estar unido a otra persona por vínculo matrimonial o pareja de hecho, se acreditará por **declaración jurada o afirmación solemne del propio sujeto** que constará en la propia solicitud de la prestación, en cuyo modelo normalizado se incluirá la advertencia sobre la responsabilidad penal en que puede incurrir en caso de falsedad. Dicha declaración jurada o afirmación solemne no impedirá que la entidad gestora requiera acreditación adicional en caso de duda fundada.

CUESTIÓN

¿Puede considerarse la existencia de una pareja de hecho sin que exista la inscripción registral específica?

La existencia de una pareja de hecho puede considerarse sin necesidad de inscripción registral específica, siempre y cuando se cumplan ciertos requisitos y se pueda acreditar la convivencia de manera fehaciente.

Según la STSJ de Madrid, de 2 de marzo de 2023, ECLI:ES:TSJM:2023:2306, se establece que la existencia de una pareja de hecho puede acreditarse incluso sin la formalización de un documento público o la inscripción en un registro específico. La sentencia señala que, a pesar de que estos medios son válidos, también es posible demostrar la convivencia estable y notoria mediante otros medios de prueba válidos en Derecho, como el certificado de empadronamiento o documentación que acredite la relación, siempre que se evidencie una convivencia continua y duradera.

En este caso particular, se citan antecedentes donde se probó la convivencia de más de 30 años y la existencia de hijos en común, lo que fue suficiente para considerar que existía una pareja de hecho a efectos de reconocimiento de derechos, en este caso, respecto del ingreso mínimo vital.

RESOLUCIÓN RELEVANTE

STSJ de Madrid rec. 87/2023, de 3 de febrero del 2023, ECLI:ES:TSJM:2023:1211

El TSJ rechaza la exigencia de estar inscrito como pareja de hecho para acceder al ingreso mínimo vital.

«(...) no exigiendo la norma que regula la prestación de ingreso mínimo vital para la situación de convivencia como pareja de hecho, ningún requisito formal o "ad solemnitatem" sino la convivencia con análoga relación de afectividad a la conyugal de forma estable y notoria con carácter inmediato a la solicitud de la prestación y con una duración ininterrumpida no inferior a cinco años, la desestimación declarada en instancia desborda la exigencia legal, procediendo por tanto, la estimación del recurso y la revocación de sentencia».

2.3.2. Residencia legal en España

Como volveremos a tratar cuando analicemos los requisitos de acceso al IMV, fuera de ciertos supuestos excepcionales, la residencia legal y efectiva en España de forma continuada durante el último año es un requisito indispensable para la concesión del IMV.

El artículo 10.1 de la Ley 19/2021, de 20 de diciembre, establece que para la concesión del IMV, todas las personas beneficiarias, estén o no integradas en una unidad de convivencia, deben cumplir con el requisito de tener residencia legal y efectiva en España y haberla tenido de forma continuada e ininterrumpida durante al menos el año inmediatamente anterior a la fecha de presentación de la solicitud. Sin embargo, existen excepciones a este requisito, como en el caso de menores incorporados a la unidad de convivencia por nacimiento, adopción, reagrupación familiar, guarda con fines de adopción o acogimiento familiar permanente, personas víctimas de trata de seres humanos y de explotación sexual, y mujeres víctimas de violencia de género.

En la STSJ de Cantabria n.º 694/2023, de 20 de octubre de 2023, ECLI:ES:TSJCANT:2023:911, se aborda la importancia de la residencia legal y efectiva en España para la concesión del IMV. En este caso, se confirma que la solicitante cumplía con el requisito de residencia legal y efectiva en España de forma continuada durante el año anterior a la solicitud, aunque se exceptúa este requisito debido a su condición de víctima de violencia de género.

Asimismo, en la STSJ de Madrid n.º 225/2022, de 7 de marzo de 2022, ECLI:ES:TSJM:2022:2827, se reitera la necesidad de cumplir con el requisito de residencia legal y efectiva en España para acceder al IMV, salvo en los casos excepcionales mencionados anteriormente. En este caso, se discutió la situación de un solicitante que no contaba con residencia legal en España «(...) conforme a la legislación de extranjería y que solicitó ante el Ministerio del Interior la protección internacional, que le fue denegada, habiendo presentado recurso contencioso administrativo contra dicha denegación que se encontraba» pendiente de resolución, lo que llevó a la denegación de la prestación.

2.3.3. Formar parte de otra unidad de convivencia

Una de las causas más habituales para la denegación de la solicitud de prestación de ingreso mínimo vital es «formar parte de otra unidad de convivencia».

Como hemos desarrollado el art. 6 de la LIMV conceptúa la UC como la constituida por todas las personas que residan en un mismo domicilio y que estén unidas entre sí por vínculo matrimonial, como pareja de hecho o por vínculo hasta el segundo grado de consanguinidad, afinidad, adopción, y otras personas con las que convivan en virtud de guarda con fines de adopción o acogimiento familiar permanente. Como excepción a lo anterior, también tendrán la consideración de unidad de convivencia a los efectos previstos en la LIMV las situaciones previstas en el art. 7 de la LIMV.

A modo de ejemplo, partiendo de los arts. citados, la STSJ de Galicia n.º 2134/2023, de 4 de mayo del 2023, ECLI:ES:TSJGAL:2023:2754, excluye a la nieta del solicitante de la unidad de convivencia porque su guarda y custodia la tiene atribuida su madre, que no convive en el mismo domicilio.

A TENER EN CUENTA. En el caso de las personas que no se integren en una unidad de convivencia, siempre que no estén unidas a otra por vínculo matrimonial o como pareja de hecho, salvo las que hayan iniciado los trámites de separación o divorcio, para la determinación de la situación de vulnerabilidad económica, hay que tomar en consideración la capacidad económica de la persona solicitante, beneficiaria individual, como establece el art. 11.1 de la LIMV (STSJ de Madrid, rec. 132/2023, de 14 de abril de 2023, ECLI:ES:TSJM:2023:4105).

RESOLUCIÓN RELEVANTE

STSJ de Madrid, rec. 290/2022, de 24 de noviembre de 2022, ECLI:ES:TSJM:2022:13637

El TSJ reconoce el derecho al ingreso mínimo vital con efectos retroactivos a la fecha de su solicitud y sin imposición de costas. La sentencia revisa normas anteriores a la reforma de 2021 que regulaba el ingreso mínimo vital, señalando que había un vacío sobre el tratamiento de las personas sin vínculo de parentesco.

2.3.4. Situaciones especiales: unidad de convivencia independiente

Tendrán la consideración de personas beneficiarias que no se integran en una unidad de convivencia o, en su caso, de personas beneficiarias integradas en una unidad de convivencia independiente, aquellas personas que convivan en el mismo domicilio con otras con las que mantuvieran alguno de los vínculos previstos (art. 6.1 de la Ley 19/2021, de 20 de diciembre), y se encontrarán en alguno de los siguientes supuestos:

Víctima de violencia de género en vivienda de acogida

En el momento de la solicitud de la prestación es posible acreditar la condición de víctima de violencia de género pero que no se de convivencia con otros miembros de la unidad económica. El art. 6.2 de la LIMV señala que «(...) no rompe la convivencia la separación transitoria por razón de estudios, trabajo, tratamiento médico, rehabilitación u otras causas similares», causas similares entre las que, sin duda, se incluye el traslado por razón de violencia de género, máxime cuando la propia norma, en su art. 7, prevé específicamente esta situación al disponer que «tendrán la consideración de personas beneficiarias (...) integradas en una unidad de convivencia independiente», (...) o «cuando una mujer, víctima de violencia de género, haya abandonado su domicilio familiar habitual acompañado o de sus hijos o de menores en régimen de guarda con fines de adopción o acogimiento familiar permanente», situación especialmente compleja en casos como el tratado. (STSJ de Illes Baleares, rec. 184/2023, de 8 de septiembre de 2023, ECLI:ES:TSJBAL:2023:1164).

Cuando una mujer, víctima de violencia de género, haya abandonado su domicilio familiar habitual acompañada o no de sus hijos o de menores en régimen de guarda con fines de adopción o acogimiento familiar permanente puede solicitar el IMV como beneficiaria individual (como titular de la prestación) con independencia de la unidad de convivencia.

Separación, nulidad o divorcio, o haber instado la disolución de la pareja de hecho

Cuando con motivo del inicio de los trámites de separación, nulidad o divorcio, o de haberse instado la disolución de la pareja de hecho formalmente constituida, una persona haya abandonado su domicilio familiar habitual acompañada o no de sus hijos o menores en régimen de guarda con fines de adopción o acogimiento familiar permanente. En el supuesto de parejas de hecho no formalizadas que hubieran cesado la convivencia, la persona que solicite la prestación deberá acreditar, en su caso, el inicio de los trámites para la atribución de la guarda y custodia de los menores.

> **A TENER EN CUENTA.** Únicamente cabrá la consideración como unidad independiente durante los tres años siguientes a la fecha en que se hubieran producido los hechos indicados en cada uno de ellos.

RESOLUCIONES RELEVANTES

STSJ de Comunidad Valenciana, rec. 4079/2022, de 14 de noviembre del 2023, ECLI:ES:TSJCV:2023:6269

En el caso, el documento oficial de empadronamiento prueba la convivencia de la menor con su padre y la Entidad gestora no ha deshecho la presunción. En efecto, del Convenio regulador no se desprende que la menor conviva con su madre. En la sentencia de divorcio se transcribe el convenio regulador aprobado judicialmente que reza así: "La guarda y custodia de la menor se atribuye a la madre con la que convivirá. Es deseo de los comparecientes que por encima de cualquier otro interés particular esté el de su hija fijándose así en caso de desacuerdo el siguiente régimen de visitas.....", de modo que ha de preceder el desacuerdo para que empiece a regir el régimen de visitas, desacuerdo que no consta, a lo que se une que la convivencia con uno u otro progenitor también depende del deseo de la menor, por lo que constando empadronada la menor en la vivienda arrendada que comparte con su padre, y apareciendo en el expediente otros datos, como la declaración jurada de la madre que confirma la convivencia, porque por razones laborales debe ir constantemente a Suiza, o el certificado del Ayuntamiento o la declaración de la vulnerabilidad necesaria para obtener las ayudas de los suministros de la vivienda, hay que estar al empadronamiento.

En consecuencia, tanto por las razones que contiene la sentencia recurrida, como por esta añadida, se cumple el requisito opuesto para conceder el IMV y el recurso va a ser desestimado.

Abandonado el domicilio por desahucio

De conformidad con lo expuesto el artículo 7 de la LIMV, cuando el beneficiario acredite haber abandonado el domicilio por desahucio o por haber quedado el mismo inhabitable por accidente o fuerza mayor, así como otros supuestos que se establezcan reglamentariamente, en caso de convivientes que no tengan un vínculo familiar de hasta segundo grado ni tengan una relación con otras personas con las que conviven en virtud de guarda con fines de adopción o acogimiento familiar permanente, también podrán ser titulares de la prestación si se encuentren en riesgo de exclusión social y presentan certificado expedido por los servicios sociales competentes.

> **A TENER EN CUENTA.** Únicamente cabrá la consideración como unidad independiente durante los tres años siguientes a la fecha en que se hubieran producido los hechos indicados en cada uno de ellos.

Convivientes sin vínculo de parentesco

Este aspecto ha sido modificado desde la redacción inicial de la norma. Esta situación se encuentra protegida a partir de la modificación efectuada por el Real Decreto-ley 3/2021, de 2 de febrero sobre el derogado Real Decreto-ley 20/2020, de 29 de mayo, al estatuir el propio acceso y condiciones aplicables en un supuesto sin regulación como era el de los convivientes sin vínculo de parentesco.

Actualmente se contempla en el art. 9 de la Ley 19/2021, de 20 de diciembre. Cuando convivan en el mismo domicilio personas entre las que no concurran los vínculos previstos para la configuración de una unidad de convivencia, podrán ser titulares del ingreso mínimo vital aquella o aquellas que se encuentren en riesgo de exclusión acreditado por un certificado expedido por los servicios sociales competentes para acreditar el riesgo de exclusión social en estos supuestos (art. 21.10 de la LIMV) (STS n.º 1008/2023, de 28 de noviembre del 2023, ECLI:ES:TS:2023:5223 y SJS-Madrid n.º 176/2023, de 10 de julio del 2023, ECLI:ES:JSO:2023:4415).

CUESTIONES

1. ¿Desde qué momento una persona individual que convive con otras sin parentesco puede percibir el IMV?

El acceso al IMV de los convivientes sin vínculo de parentesco se regula a partir del Real Decreto-ley 3/2021, de 2 de febrero. En una primera etapa (desde el 1 de junio de 2020 hasta el 3 de febrero de 2021) de la prestación solo era posible acceder al IMV cuando se pertenecía a una unidad de convivencia. En lo que concierne al acceso al IMV de las personas convivientes sin vínculo de parentesco, esto sucedió desde la entrada en vigor del RDL 3/2021 que incorporó un art. 6 quater al derogado RDL 20/2020. (STSJ de Andalucía n.º 1538/2024, de 4 de julio del 2024, ECLI:ES: TSJAND:2024:13283).

La Sala de lo Social del Tribunal Supremo se pronunció respecto de esa fase inicial en la STS, rec. 5633/2022, de 28 de noviembre de 2023, ECLI:ES:TS:2023:5223, en el sentido de que, bajo esa regulación las personas solas que convivían con otras personas solas o con unidades de convivencia con las que no tuviesen vínculos de parentesco no eran tributarias del ingreso mínimo vital.

2. ¿Pueden acceder al IMV de forma individual las personas se encuentren en situación de vulnerabilidad, aunque convivan en el mismo domicilio con otras personas distintas de su cónyuge o pareja de hecho y a las que no estén unidas por vínculo hasta el segundo grado de consanguinidad?

Para acreditar que pese a la convivencia no forma parte de la unidad de convivencia es obligatorio, dado el carácter imperativo de la expresión que utiliza el legislador, un certificado expedido por los servicios sociales competentes (STSJ de Madrid n.º 222/2024, de 6 de marzo de 2024, ECLI:ES:TSJM:2024:2549).

2.3.5. Modificación de la unidad de convivencia

No hay ninguna duda de que la ley exige que la UC se haya constituido en los términos del art. 6 de la LIMV durante, al menos, los **seis meses anteriores a la presentación de la solicitud** de forma continuada y de que este requisito debe mantenerse durante todo el tiempo de percepción del IMV. No obstante, **existen excepciones en las que** no se considerará que se ha producido una variación de la UC previamente constituida:

- En el caso de fallecimiento de algunas de las personas que constituyen la UC (artículo 6.1, tercer párrafo, LIMV).

- En los casos de nacimiento, adopción, guarda con fines de adopción o acogimiento familiar permanente de menores, reagrupación familiar de hijas e hijos menores de edad.

- En los supuestos de mujeres víctimas de violencia de género o víctimas de trata de seres humanos y explotación sexual.

- En otros supuestos justificados que puedan determinarse reglamentariamente (artículo 10.3, segundo párrafo LIMV).

Salvando estas excepciones, la modificación de la UC puede afectar la prestación del ingreso mínimo vital de diversas maneras (Criterio de gestión n.° 5/2022, de 24 de enero de 2022 del INSS):

1. **Revisión de la prestación:** Cualquier cambio en las circunstancias personales de la persona beneficiaria o de algún miembro de la unidad de convivencia puede llevar a una revisión de la cuantía de la prestación. Esto puede resultar en un aumento o disminución de la misma, dependiendo de cómo afecten estos cambios a los requisitos y condiciones establecidos para el IMV.

2. **Obligación de comunicación:** Las personas beneficiarias están obligadas a informar a la entidad gestora competente, en un plazo de treinta días naturales, sobre cualquier circunstancia que afecte al cumplimiento de los requisitos o de las obligaciones establecidos en la Ley del IMV. Esto incluye cambios en la composición de la unidad de convivencia.

3. **Suspensión y extinción del Derecho:** Si los cambios en la unidad de convivencia implican la pérdida temporal o definitiva de alguno de los requisitos exigidos para el reconocimiento del IMV, el derecho a la prestación puede ser suspendido o incluso extinguido. La suspensión del derecho implica la suspensión del pago de la prestación a partir del primer día del mes siguiente a aquel en que se produzcan las causas de suspensión o a aquel en el que se tenga conocimiento por la entidad gestora competente.

4. **Actualización anual:** La cuantía de la prestación se actualizará anualmente con efectos del 1 de enero, tomando como referencia los ingresos anuales computables del ejercicio anterior. Si la variación de los ingresos anuales computables del ejercicio anterior motiva la extinción de la prestación, esta surtirá efectos a partir del 1 de enero del año siguiente.

2.4. Consideración del domicilio en supuestos especiales

En relación con las características de las unidades de convivencia, los arts. 6, 8 y 9 de la Ley 19/2021, de 20 de diciembre, fijan una serie de peculiaridades:

- **Empadronadas en un domicilio ficticio**: cuando en aplicación de las correspondientes instrucciones técnicas a los ayuntamientos sobre la gestión del padrón municipal, las personas figuren empadronadas en establecimientos colectivos, o por carecer de techo y residir habitualmente en un municipio, figuren empadronadas en un domicilio ficticio, la unidad de convivencia estará constituida por las personas unidas entre sí por vínculo matrimonial, como pareja de hecho, y, en su caso, con sus descendientes menores de edad hasta el primer grado de consanguinidad, afinidad, adopción o en virtud de régimen de acogimiento familiar permanente o guarda con fines de adopción. Los descendientes citados podrán ser hasta el segundo grado si no estuvieran empadronados con sus ascendientes del primer grado.

- **Habitación en un establecimiento hotelero o similar**: si en virtud de un contrato queda acreditado el uso individualizado, por una persona sola o por una unidad de convivencia, de una habitación en un establecimiento hotelero o similar, será considerado domicilio a los efectos previstos en esta norma.

- **Uso exclusivo de una determinada zona del domicilio**: cuando, mediante título jurídico se acredite el uso exclusivo de una determinada zona del domicilio por una persona sola o por una unidad de convivencia, dicha zona de uso exclusivo será considerada domicilio a los efectos previstos en la Ley 19/2021.

3.
REQUISITOS DE ACCESO Y SU ACREDITACIÓN

Podrán ser beneficiarias del IMV las personas que vivan solas o los integrantes de una unidad de convivencia que, con carácter general, estará formada por dos o más personas que residan en la misma vivienda y que estén unidas entre sí por consanguinidad o afinidad hasta el segundo grado, si bien se establecen excepciones para contemplar determinados supuestos, como es el caso de las personas que sin tener vínculos familiares comparten vivienda por situación de necesidad. En todo caso, para tener la condición de beneficiario, se exigen una serie de requisitos para el acceso y el mantenimiento del derecho a la prestación.

Tras regular y definir los distintos requisitos y características de las personas beneficiarias, el titular de la prestación, la unidad de convivencia y ciertas situaciones especiales, la LIMV configura los requisitos de acceso a la prestación. A pesar de que algunos coinciden con situaciones tratadas con anterioridad, seguiremos el esquema de la norma introduciendo en este momento otros dos aspectos que configurarán la concesión o denegación de la prestación: la existencia de situación de vulnerabilidad y el cómputo de los ingresos y patrimonio del solicitante a efectos de lucrar el IMV.

Requisitos de acceso al IMV

La flexibilidad de los **requisitos** de acceso pretende ser una de las características de esta prestación. Todas las personas beneficiarias del IMV, estén o no integradas en una unidad de convivencia, deberán cumplir una serie de requisitos en el momento de presentación de la solicitud o al tiempo de solicitar su revisión, y mantenerse al dictarse la resolución y durante el tiempo de percepción (art. 10 de la Ley 19/2021, de 20 de diciembre). Como hemos ido comentando:

1. **Tener residencia legal y efectiva en España y haberla tenido de forma continuada e ininterrumpida durante al menos el año inmediatamente anterior a la fecha de presentación de la solicitud.** No se exigirá este plazo respecto de:

    » Los menores incorporados a la unidad de convivencia por nacimiento, adopción, guarda con fines de adopción o acogimiento familiar permanente.

» Las personas víctimas de trata de seres humanos y de explotación sexual.

» Las mujeres víctimas de violencia de género.

> **A TENER EN CUENTA**. A efectos del mantenimiento del derecho a esta prestación, se entenderá que una persona tiene su residencia habitual en España aun cuando haya tenido estancias en el extranjero, siempre que estas no superen los noventa días naturales a lo largo de cada año natural o cuando la ausencia del territorio español esté motivada por causas de enfermedad debidamente justificadas.

2. **Encontrarse en situación de vulnerabilidad económica por carecer de rentas, ingresos o patrimonio suficientes.** En los términos establecidos en el art. 11 de la LIMV, que analizaremos.

3. **Especialidades para personas menores/mayores de 30 años** —en referencia a las personas beneficiarias a las que se refiere el art. 4.1.b) de la Ley 19/2021, de 20 de diciembre— se concreta:

» Cuando sean **menores de 30 años** en la fecha de la solicitud del ingreso mínimo vital, deberán acreditar haber vivido de forma independiente en España, durante al menos los dos años inmediatamente anteriores a la indicada fecha.

♦ Este requisito no se exigirá a las personas de entre 18 y 22 años que provengan de centros residenciales de protección de menores de las diferentes Comunidades Autónomas.

♦ Se entenderá que una persona ha vivido de forma independiente siempre que acredite que su domicilio ha sido distinto al de sus progenitores, tutores o acogedores durante los dos años inmediatamente anteriores a la solicitud, y en dicho periodo hubiere permanecido durante al menos doce meses, continuados o no, en situación de alta en cualquiera de los regímenes que integran el sistema de la Seguridad Social, incluido el de Clases Pasivas del Estado, o en una mutualidad de previsión social alternativa al Régimen Especial de la Seguridad Social de los Trabajadores por Cuenta Propia o Autónomos.

» Cuando sean **mayores de 30 años** en la fecha de la solicitud, deberán acreditar que, durante el año inmediatamente anterior a dicha fecha, su domicilio en España ha sido distinto al de sus progenitores, tutores o acogedores.

Estos requisitos no se exigirán cuando el cese de la convivencia con los progenitores, tutores o acogedores se hubiera debido al fallecimiento de estos. Tampoco se exigirán a las personas que por ser víctimas de violencia de género hayan abandonado su domicilio habitual, a las personas sin hogar, a las que hayan iniciado los trámites de separación o divorcio, a las personas víctimas de la trata de seres humanos y de explotación sexual y personas que provengan de centros penitenciarios por haber sido liberados de prisión, siempre que la privación de libertad haya sido por tiempo superior a seis meses o a las que se encuentren en otras circunstancias que puedan determinarse reglamentariamente.

4. **Unidad de convivencia**. Cuando las personas beneficiarias formen parte de una unidad de convivencia, se exigirá que la misma esté constituida (arts. 6, 7 y 8 de la LIMV), durante al menos los seis meses anteriores a la presentación de la solicitud, de forma continuada.

Este requisito no se exigirá en los casos de nacimiento, adopción, guarda con fines de adopción o acogimiento familiar permanente de menores, reagrupación familiar de hijas e hijos menores de edad, en los supuestos de mujeres víctimas de violencia de género o víctimas de trata de seres humanos y explotación sexual, o en otros supuestos justificados que puedan determinarse reglamentariamente.

> **A TENER EN CUENTA**. El criterio de gestión del INSS n.º 13/2024, de 1 de agosto de 2024, establece que no se exigirá el plazo de espera de seis meses para la constitución de la unidad de convivencia (UC) en las solicitudes iniciales del Ingreso Mínimo Vital (IMV) en casos de separación, divorcio, nulidad matrimonial, disolución de pareja de hecho formalmente constituida o no formalizada.

CUESTIÓN

¿Es necesario haber solicitado alguna pensión y prestación pública para el acceso al IMV?

El derogado art. 7.1.c) del Real Decreto-ley 20/2020, de 29 de mayo, dentro de los requisitos de acceso, establecía esta obligación. El art. 10 de la Ley 19/2021, de 20 de diciembre, por la que se establece el ingreso mínimo vital, no contempla esta necesidad.

Acreditación de los requisitos de acceso al IMV

El art. 21 de la LIMV, fija la **acreditación de estos requisitos**, destacando los siguientes aspectos:

1. **Identidad tanto de las personas solicitantes como de las que forman la unidad de convivencia**. Se acreditará mediante el documento nacional de identidad en el caso de los españoles o el libro de familia o certificado literal de nacimiento, en el caso de los menores de 14 años que no tengan documento nacional de identidad, y mediante el documento de identidad de su país de origen o de procedencia, o el pasaporte, en el caso de los ciudadanos extranjeros (STSJ de Madrid, rec. 488/2022, de 29 de junio de 2022, ECLI:ES:TSJM:2022:9021).

2. **Residencia legal en España**. Se acreditará mediante la inscripción en el registro central de extranjeros, en el caso de nacionales de los Estados miembros de la Unión Europea, Espacio Económico Europeo o la Confederación Suiza, o con tarjeta de familiar de ciudadano de la Unión o autorización de residencia, en cualquiera de sus modalidades, en el caso de extranjeros de otra nacionalidad.

3. **Domicilio en España.** Acreditado mediante certificado de empadronamiento.

4. **Existencia de la unidad de convivencia.** Se acreditará con el libro de familia, certificado del registro civil, y con los datos obrantes en los Padrones municipales relativos a los inscritos en la misma vivienda.

5. **La existencia de la unidad de convivencia** se acreditará con el libro de familia, certificado del registro civil, y con los datos obrantes en los Padrones municipales relativos a los inscritos en la misma vivienda. A estos efectos el Instituto Nacional de la Seguridad Social tendrá acceso a la base de datos de coordinación de los Padrones municipales del Instituto Nacional de Estadística para la confirmación de los requisitos exigidos.

No obstante, cuando de la misma no pueda deducirse la coincidencia con los datos que se hayan hecho constar en la solicitud de la prestación se solicitará la aportación del correspondiente certificado de empadronamiento, histórico y colectivo del período requerido en cada supuesto, referido a los domicilios donde residen o han residido los miembros de la unidad de convivencia, expedido por el Ayuntamiento en virtud de lo establecido en el artículo 83.3 del Reglamento de Población y Demarcación Territorial de las Entidades Locales.

Tanto los datos obtenidos del Instituto Nacional de Estadística como, en su caso, el certificado de empadronamiento citado, servirán igualmente para acreditar la existencia de la unidad de convivencia (art. 6 de la LIMV) o de que el solicitante vive solo o compartiendo domicilio con una unidad de convivencia de la que no forma parte [apdo. 1.b) del art. 4 de la LIMV].

A los efectos de los datos relativos al Padrón municipal de conformidad con lo previsto en los párrafos anteriores, no se requerirá el consentimiento de las personas empadronadas en el domicilio del solicitante.

La existencia de pareja de hecho se acreditará mediante certificación de la inscripción en alguno de los registros específicos existentes en las comunidades autónomas o ayuntamientos del lugar de residencia, en su caso, o documento público en el que conste la constitución de dicha pareja. Tanto la mencionada inscripción como la formalización del correspondiente documento público deberán haberse producido con una antelación mínima de dos años con respecto a la fecha de la solicitud de la prestación, no requiriéndose este plazo en el caso de que existan hijos o hijas en común. No se exigirá el requisito de inscripción en un Registro de parejas de hecho, ni constitución de dicha pareja en documento público, en el caso de que se tengan hijos o hijas comunes.

El inicio de los trámites de separación o divorcio, o su existencia, se acreditará con la presentación de la demanda o con la correspondiente resolución judicial, o mediante documento público.

No estar unido a otra persona por vínculo matrimonial o pareja de hecho, se acreditará por declaración jurada o afirmación solemne del propio sujeto que constará en la propia solicitud de la prestación, en cuyo modelo normalizado se incluirá la advertencia sobre la responsabilidad penal en que puede incurrir en caso de falsedad. Dicha declaración jurada o afirmación solemne no impedirá que la entidad gestora requiera acreditación adicional en caso de duda fundada.

6. **El inicio de los trámites de separación o divorcio, o su existencia,** se acreditará con la presentación de la demanda o con la correspondiente resolución judicial, o mediante documento público.

7. **No estar unido a otra persona por vínculo matrimonial o pareja de hecho,** se acreditará por declaración jurada o afirmación solemne del propio sujeto que constará en la propia solicitud de la prestación, en cuyo modelo normalizado se incluirá la advertencia sobre la responsabilidad penal en que puede incurrir en caso de falsedad. Dicha declaración jurada o afirmación solemne no impedirá que la entidad gestora requiera acreditación adicional en caso de duda fundada.

8. **Acreditación de haber vivido de forma independiente respecto a los progenitores, tutores o acogedores, durante al menos tres años** (art. 10.2 de la de la Ley 19/2021, de 20 de diciembre). Mediante los datos facilitados por el Instituto Nacional de Estadística o, en su caso, el certificado de empadronamiento histórico y colectivo en el que consten todas las personas empadronadas en el domicilio del solicitante durante dicho periodo.

9. **Condición de víctima de violencia de género.** Se acreditará por cualquiera de los medios establecidos en el art. 23 de la Ley Orgánica 1/2004, de 28 de diciembre, de Medidas de Protección Integral contra la Violencia de Género.

10. **Condición de víctima de trata de seres humanos y de explotación sexual.** Se acreditará a través de un informe emitido por los servicios públicos encargados de la atención integral a estas víctimas o por los servicios sociales, así como por cualquier otro medio de acreditación que se determine reglamentariamente.

11. **Verificación de los requisitos de ingresos y patrimonio establecidos reglamentariamente para el acceso a la prestación.** Sin perjuicio de la cesión de datos tributarios legalmente prevista, se tomará como referencia la información que conste en esas Haciendas Públicas respecto del ejercicio anterior a aquel en el que se realiza esa actividad de reconocimiento o control, o en su defecto, la información que conste más actualizada en dichas administraciones públicas.

A efectos de la acreditación de requisitos se requerirá un **certificado expedido por los servicios sociales** para demostrar la residencia efectiva en España, el carácter temporal de la prestación de servicio residencial, de carácter social, sanitario o sociosanitario, el domicilio real de la persona que alegara no vivir en el que consta en el empadronamiento, entre otros supuestos previstos en el art. 21.9 de la LIMV. En todo caso, se requerirá este certificado para acreditar el riesgo de exclusión social en los supuestos de convivientes sin vínculo de parentesco (art. 9 de la LIMV).

CUESTIÓN

A efectos de los arts. 21.9 y 10 de la LIMV, ¿qué situaciones deben certificar los trabajadores sociales, secretarios de ayuntamientos o representantes de entidades sociales mediadoras?

- Empadronamiento en domicilio ficticio.
- Domicilio distinto al del empadronamiento.
- Prestación de servicio residencial de carácter temporal.
- Inexistencia de vínculos de parentesco con los que convive, según lo previsto en el art.6.1 de la Ley 19/2021.
- Inexistencia de vínculos, según lo previsto en el art. 6.1, entre todos o parte de los convivientes de la Ley 19/2021.
- Vivir de forma independiente en España (durante al menos 2 años si es menor de 30 años o durante 1 año si es mayor de 30 años y acreditar que forma parte de una unidad de convivencia durante al menos los 6 meses anteriores a la presentación de la solicitud de forma continuada).
- Encontrarse en riesgo de exclusión social.

4.
SITUACIÓN DE VULNERABILIDAD ECONÓMICA, NIVEL DE RENTA GARANTIZADA Y CÓMPUTO DE INGRESOS Y PATRIMONIO PARA LUCRAR EL INGRESO MÍNIMO VITAL

El IMV que corresponda en función de la modalidad y composición de la unidad de convivencia se otorgará bajo **tres parámetros** que siempre debemos tener presentes:

1. **La existencia de una situación de vulnerabilidad económica.** Esta situación se da cuando el promedio mensual del conjunto de ingresos y rentas anuales computables de la persona beneficiaria individual o del conjunto de miembros de la unidad de convivencia, correspondientes al ejercicio anterior, sea al menos 10 euros inferior al nivel de renta garantizada para cada supuesto previsto, en función de las características de la persona beneficiaria individual o la unidad de convivencia, requiriéndose además que su patrimonio, excluida la vivienda habitual, sea inferior a los límites establecidos en la LIMV. Es decir, cuando el promedio mensual del conjunto de ingresos y rentas anuales del ejercicio anterior a la solicitud sea inferior a la cuantía mensual de la renta garantizada.

   El anexo I de la LIMV configura una escala de incrementos para el cálculo de la renta garantizada según el tipo de unidad de convivencia.

2. **Cuando el patrimonio neto, descontada la vivienda habitual, sea inferior a cierto límite.**

   El anexo III de la LIMV configura una escala de incrementos para el cálculo del límite de patrimonio aplicable según el tipo de unidad de convivencia.

   > **A TENER EN CUENTA**. El art. 20 de la LIMV establece las reglas básicas para el cómputo de los ingresos y patrimonio de los posibles beneficiarios.

3. **Renta garantizada.** El IMV es una prestación económica de periodicidad mensual que cubre la diferencia entre el conjunto de ingresos que ha recibido el hogar unipersonal o la unidad de convivencia durante el año anterior y la renta garantizada determinada por la ley para cada supuesto, que se deduce de aplicar la escala establecida en el anexo I de la LIMV.

La renta garantizada para un hogar unipersonal es el equivalente al 100 por ciento del importe anual de las pensiones no contributivas de la Seguridad Social vigente en cada momento, dividido por 12. El importe de la renta garantizada se incrementa en función de la composición de la unidad de convivencia mediante la aplicación de unas escalas de incrementos.

4.1. Situación de vulnerabilidad económica

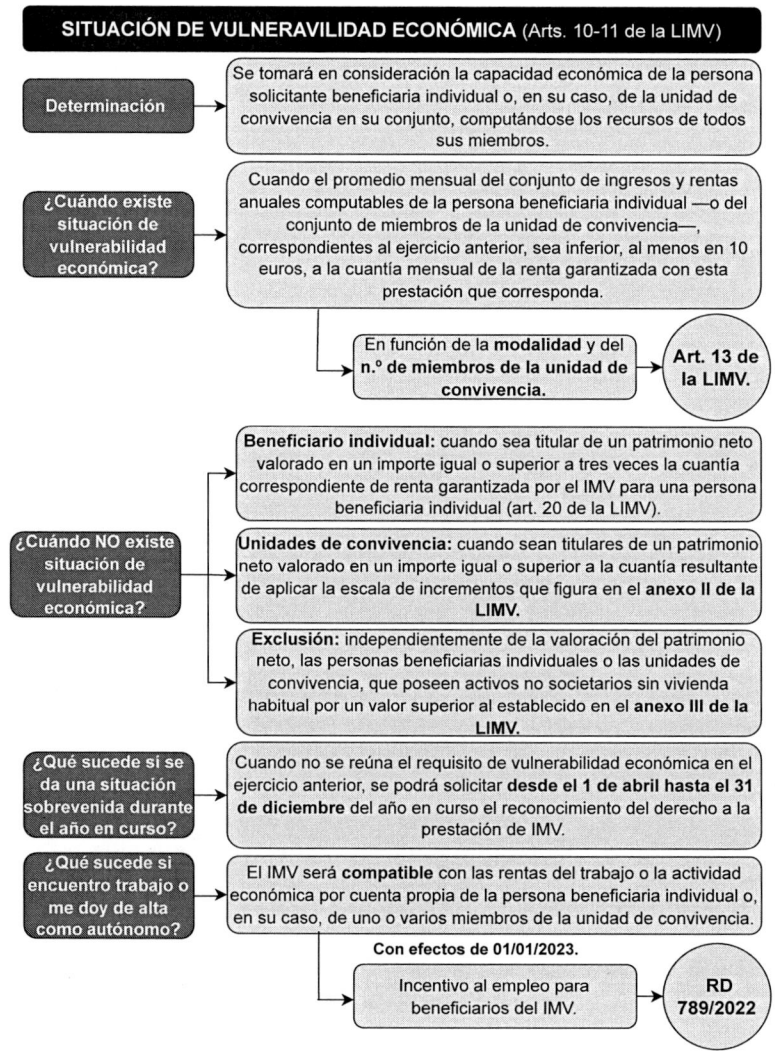

Para la **determinación de la situación de vulnerabilidad económica** (arts. 10-11 de la LIMV) se tomará en consideración la capacidad económica de la persona solicitante beneficiaria individual o, en su caso, de la unidad de convivencia en su conjunto, computándose los recursos de todos sus miembros. Como hemos adelantado, se apreciará que concurre este requisito **cuando el promedio mensual del conjunto de ingresos y rentas anuales computables de la persona beneficiaria individual o del conjunto de miembros de la unidad de convivencia, correspondientes al ejercicio anterior** (respetando las consideraciones del art. 18 de la LIMV), **sea inferior, al menos en 10 euros, a la cuantía mensual de la renta garantizada con esta prestación que corresponda en función de la modalidad y del número de miembros de la unidad de convivencia** (art. 13 de la Ley 19/2021, de 20 de diciembre).

A TENER EN CUENTA. La situación de vulnerabilidad económica se calcula teniendo en cuenta los ingresos y rentas del año anterior.

No se apreciará que concurre situación de vulnerabilidad económica:

- Cuando la persona beneficiaria individual sea titular de un patrimonio neto valorado, de acuerdo con los criterios que analizaremos posteriormente, en un importe igual o superior a tres veces la cuantía correspondiente de renta garantizada por el ingreso mínimo vital para una persona beneficiaria individual.
- Cuando las unidades de convivencia sean titulares de un patrimonio neto valorado en un importe igual o superior a la cuantía resultante de aplicar la escala de incrementos que figura en el anexo II de la LIMV.
- Las personas beneficiarias individuales o las unidades de convivencia, que poseen activos no societarios sin vivienda habitual por un valor superior al establecido en el anexo III de la LIMV.
- Las personas beneficiarias individuales o las personas que se integren en una unidad de convivencia en la que cualquiera de sus miembros sea administrador de derecho de una sociedad mercantil que no haya cesado en su actividad.

Con el fin de que la percepción del ingreso mínimo vital no desincentive la participación en el mercado laboral, **con efectos de 01/01/2023**, el Real Decreto 789/2022, de 27 de septiembre regula la **compatibilidad de la percepción del ingreso mínimo vital con los incrementos de ingresos procedentes de rentas de trabajo o de la actividad económica por cuenta propia** de la persona beneficiaria individual o, en su caso, de uno o varios miembros de la unidad de convivencia.

Situación de vulnerabilidad económica sobrevenida durante al año en curso

Según el artículo 11 de la Ley 19/2021, una situación de vulnerabilidad económica sobrevenida durante el año en curso se puede solicitar desde el 1 de abril hasta el 31 de diciembre del mismo año. Para acreditar esta situación, se debe cumplir exclusivamente con el requisito de ingresos estipulado en el apartado 2 del artículo mencionado. Esto implica que se considerará la parte proporcional de los ingresos que haya tenido el beneficiario individual o la unidad de convivencia durante el tiempo transcurrido en el año en curso. Además, se deben tener en cuenta ciertas condiciones, como que en el año anterior a la solicitud no se haya superado los límites de renta y patrimonio establecidos en los artículos correspondientes y en los anexos de la ley. Es importante que el beneficiario pueda acreditar que ha dejado de percibir determinadas prestaciones o subsidios que podrían haber influido en su situación económica durante el año en curso.

4.2. Nivel de renta garantizada

La cuantía mensual de la prestación del IMV que corresponde a la persona beneficiaria individual o a la unidad de convivencia vendrá determinada por la diferencia entre la cuantía de la renta garantizada y el conjunto de todas las rentas e ingresos de las personas beneficiarias o de los miembros que componen esa unidad de convivencia, siempre que la cuantía resultante sea superior o igual a 10 € al mes. Este apartado se desarrollará al tratar la cuantía de la prestación.

4.3. Cómputo de los ingresos y patrimonio

Hay que destacar que, por mandato reglamentario, no computarán como ingresos los salarios sociales, rentas mínimas de inserción o ayudas análogas de asistencia social concedidas por las comunidades autónomas, y otros ingresos y rentas de acuerdo con los criterios de cómputo de los ingresos y patrimonio, desarrollados en el art. 20 de la Ley 19/2021, de 20 de diciembre. La norma, en este caso, recurre al establecimiento de una serie de reglas.

El cómputo de los ingresos del ejercicio anterior

a) Con carácter general las rentas se computarán por su valor íntegro, excepto las procedentes de actividades económicas, de arrendamientos de inmuebles o de regímenes especiales, que se computarán por su rendimiento neto (STSJ de Galicia, rec. 813/2023, de 20 de junio de 2024, ECLI:ES:TSJGAL:2024:4695).

b) Los rendimientos procedentes de actividades económicas y de los regímenes especiales, se computarán por la cuantía que se integra en la base imponible del Impuesto sobre la Renta de las Personas Físicas o del impuesto foral correspondiente según la normativa vigente en cada período.

c) Las ganancias patrimoniales generadas en el ejercicio se computarán por la cuantía que se integra en la base imponible del Impuesto sobre la Renta de las Personas Físicas o del impuesto foral correspondiente según la normativa vigente en cada período, sin tener en cuenta las reducciones que, en su caso, pudieran ser de aplicación conforme a la normativa de aquellos, y minorada de cualquiera de las ayudas públicas contempladas.

d) Cuando el beneficiario disponga de bienes inmuebles arrendados, se tendrán en cuenta sus rendimientos como ingresos menos gastos, antes de cualquier reducción a la que tenga derecho el contribuyente, y ambos determinados, conforme a lo dispuesto al efecto en la normativa reguladora del Impuesto sobre la Renta de las Personas Físicas, o normativa foral correspondiente, aplicable a las personas que forman la unidad de convivencia. Si los inmuebles no estuviesen arrendados, los ingresos computables se valorarán según las normas establecidas para la imputación de rentas inmobiliarias en la citada normativa y correspondiente norma foral.

e) Computará como ingreso el importe de las pensiones y prestaciones, contributivas o no contributivas, públicas o privadas.

Se exceptúan del cómputo de rentas [apdo. 1.f) del art. 20 de la LIMV]:

1. Las rentas exentas a las que se refieren los párrafos b), c), d), i), j), n), q), r), s), t), x) e y) del art. 7 de la LIRPF. Atendiendo a la redacción del art. 7 de la LIRPF estarán exentas las siguientes rentas (STSJ de Madrid, rec. 316/2023, de 21 de diciembre del 2023, ECLI:ES: TSJM:2023:14638):

   » Las ayudas de cualquier clase percibidas por los afectados por el virus de inmunodeficiencia humana, reguladas en el Real Decreto-Ley 9/1993, de 28 de mayo.

   » Las pensiones reconocidas en favor de aquellas personas que sufrieron lesiones o mutilaciones con ocasión o como consecuencia de la Guerra Civil, 1936/1939, ya sea por el régimen de clases pasivas del Estado o al amparo de la legislación especial dictada al efecto.

   » Las indemnizaciones como consecuencia de responsabilidad civil por daños personales, en la cuantía legal o judicialmente reconocida. Igualmente estarán exentas las indemnizaciones por idéntico tipo de daños derivadas de contratos de seguro de accidentes, salvo aquellos cuyas primas hubieran podido reducir la base imponible o ser consideradas gasto deducible por aplicación de la regla 1.ª del apartado 2 del artículo 30 de esta Ley, hasta la cuantía que resulte de aplicar, para el daño sufrido, el sistema para la valoración de los daños y perjuicios causados a las personas en accidentes de circulación, incorporado como anexo en el texto refundido de la Ley sobre responsabilidad civil y seguro en la circulación de vehículos a motor, aprobado por el Real Decreto Legislativo 8/2004, de 29 de octubre.

   » Las prestaciones económicas percibidas de instituciones públicas con motivo del acogimiento de personas con discapacidad, mayores de 65 años o menores, sea en la modalidad simple, permanente o preadoptivo o las equivalentes previstas en los ordenamientos de las Comunidades Autónomas, incluido el acogimiento en la ejecución de la medida judicial de convivencia del menor con persona o familia previsto en la Ley Orgánica 5/2000, de 12 de enero, reguladora de la responsabilidad penal de los menores. Igualmente estarán exentas las ayudas económicas otorgadas por instituciones públicas a personas con discapacidad con un grado de minusvalía igual o superior al 65 por ciento o mayores de 65 años para financiar su estancia en residencias o centros de día, siempre que el resto de sus rentas no excedan del doble del indicador público de renta de efectos múltiples.

» Las becas públicas, las becas concedidas por las entidades sin fines lucrativos a las que sea de aplicación el régimen especial regulado en el Título II de la Ley 49/2002, de 23 de diciembre, de régimen fiscal de las entidades sin fines lucrativos y de los incentivos fiscales al mecenazgo, y las becas concedidas por las fundaciones bancarias reguladas en el Título II de la Ley 26/2013, de 27 de diciembre, de cajas de ahorros y fundaciones bancarias en el desarrollo de su actividad de obra social, percibidas para cursar estudios reglados, tanto en España como en el extranjero, en todos los niveles y grados del sistema educativo, en los términos que reglamentariamente se establezcan. Asimismo estarán exentas, en los términos que reglamentariamente se establezcan, las becas públicas y las concedidas por las entidades sin fines lucrativos y fundaciones bancarias mencionadas anteriormente para investigación en el ámbito descrito por el Real Decreto 63/2006, de 27 de enero, por el que se aprueba el Estatuto del personal investigador en formación, así como las otorgadas por aquellas con fines de investigación a los funcionarios y demás personal al servicio de las Administraciones públicas y al personal docente e investigador de las universidades.

» Las prestaciones por desempleo reconocidas por la respectiva entidad gestora cuando se perciban en la modalidad de pago único establecida en el Real Decreto 1044/1985, de 19 de junio, por el que se regula el abono de la prestación por desempleo en su modalidad de pago único, siempre que las cantidades percibidas se destinen a las finalidades y en los casos previstos en la citada norma. Esta exención estará condicionada al mantenimiento de la acción o participación durante el plazo de cinco años, en el supuesto de que el contribuyente se hubiera integrado en sociedades laborales o cooperativas de trabajo asociado o hubiera realizado una aportación al capital social de una entidad mercantil, o al mantenimiento, durante idéntico plazo, de la actividad, en el caso del trabajador autónomo.

» Las indemnizaciones satisfechas por las Administraciones públicas por daños personales como consecuencia del funcionamiento de los servicios públicos, cuando vengan establecidas de acuerdo con los procedimientos previstos en el Real Decreto 429/1993, de 26 de marzo, por el que se regula el Reglamento de los procedimientos de las Administraciones públicas en materia de responsabilidad patrimonial.

» Las prestaciones percibidas por entierro o sepelio, con el límite del importe total de los gastos incurridos.

» Las ayudas económicas reguladas en el artículo 2 de la Ley 14/2002, de 5 de junio.

» Las derivadas de la aplicación de los instrumentos de cobertura cuando cubran exclusivamente el riesgo de incremento del tipo de interés variable de los préstamos hipotecarios destinados a la adquisición de la vivienda habitual, regulados en el artículo decimonoveno de la Ley 36/2003, de 11 de noviembre, de medidas de reforma económica.

» Las prestaciones económicas públicas vinculadas al servicio, para cuidados en el entorno familiar y de asistencia personalizada que se derivan de la Ley de promoción de la autonomía personal y atención a las personas en situación de dependencia.

» La prestación de la Seguridad Social del Ingreso Mínimo Vital, las prestaciones económicas establecidas por las Comunidades Autónomas en concepto de renta mínima de inserción para garantizar recursos económicos de subsistencia a las personas que carezcan de ellos, así como las demás ayudas establecidas por estas o por entidades locales para atender, con arreglo a su normativa, a colectivos en riesgo de exclusión social, situaciones de emergencia social, necesidades habitacionales de personas sin recursos o necesidades de alimentación, escolarización y demás necesidades básicas de menores o personas con discapacidad cuando ellos y las personas a su cargo, carezcan de medios económicos suficientes, hasta un importe máximo anual conjunto de 1,5 veces el indicador público de rentas de efectos múltiples.

2. Ayudas para el estudio y las ayudas de vivienda, tanto por alquiler como para adquisición.

3. Se considera renta exenta para la persona obligada al abono, la pensión compensatoria que deba ser satisfecha de conformidad con lo previsto en el art. 97 del Código Civil, siempre que se haya producido el pago de la misma.

4. Se considera renta exenta para la persona obligada al abono, la pensión de alimentos en favor de los hijos que deba ser satisfecha de conformidad con lo previsto en el art. 93 del Código Civil, siempre que se haya producido el pago de la misma. Asimismo, en la unidad de convivencia que debe recibir la pensión por alimentos será renta exenta cuando no se hubiera producido el abono por la persona obligada al pago.

5. El subsidio no contributivo por desempleo, cuando a la fecha de solicitud de la prestación se hubiera extinguido.

Revisión de los ingresos

Para el cómputo de ingresos se tendrán en cuenta los obtenidos por los beneficiarios durante el ejercicio anterior a la solicitud. El importe de la prestación será revisado cada año teniendo en cuenta la información de los ingresos del ejercicio anterior. Para determinar en qué ejercicio se han obtenido los ingresos se adoptará el criterio fiscal.

Determinación de los rendimientos mensuales de las personas que forman la unidad de convivencia

Se computa el conjunto de rendimientos o ingresos de todos los miembros, de acuerdo con lo establecido en la LIRPF.

No se computarán las rentas previstas en el art. 20.1.f) de la LIMV.

A la suma de ingresos detallados anteriormente se restará el importe del impuesto sobre la renta devengado y las cotizaciones sociales.

Patrimonio societario neto más el patrimonio no societario

No se trata, en este caso, de estimación de rentas o ingresos, como ha de hacerse en otros supuestos prestacionales como el subsidio por desempleo (STS, rec. 4838/18, de 10 de febrero 2022), sino del valor del patrimonio, que, por sí solo, no es renta ni ingreso, pero revela una capacidad o potencialidad económica, sea para arrendarlo o para venderlo, que la normativa específica de la prestación de IMV dispone que se ha de considerar y valorar para acoger o excluir la situación de vulnerabilidad y capacidad económica necesaria para acceder al IMV (STSJ de Aragón n.° 361/2022, de 26 de mayo, ECLI:ES:TSJAR:2022:702).

Se tendrá en cuenta el patrimonio neto de la persona sola o de la unidad de convivencia, que estará determinado por la suma del patrimonio societario neto más el patrimonio no societario neto:

a) El patrimonio societario neto incluye el valor de las participaciones en el patrimonio de sociedades en las que participen de forma directa alguno de los miembros de la unidad de convivencia, con excepción de las valoradas dentro de los activos no societarios.

b) El patrimonio no societario neto incluye el valor de los activos no societarios y se descuenta el pasivo no societario que tuviera asociado.

Los activos no societarios son la suma de los siguientes conceptos:

1. Los inmuebles, excluida la vivienda habitual.

2. Las cuentas bancarias y depósitos.

3. Los activos financieros en forma de valores, seguros y rentas y las participaciones en Instituciones de Inversión Colectiva.

4. Las participaciones en planes, fondos de pensiones y sistemas alternativos similares.

Los pasivos no societarios incluirán las deudas y créditos existentes sobre los activos no societarios a fecha de presentación de la solicitud, excluidos los asociados a la vivienda habitual.

Activos no societarios

Los activos no societarios se valorarán de acuerdo con los siguientes criterios:

– El patrimonio societario neto se valorará, para cada uno de los miembros de la unidad de convivencia, aplicando los porcentajes de participación en el capital de las sociedades no incluidas dentro de los activos no societarios, al valor del patrimonio neto de dichas sociedades consignado en las últimas declaraciones tributarias para las que haya finalizado el ejercicio fiscal para todos los contribuyentes.

– El patrimonio inmobiliario de carácter residencial se valorará de acuerdo con el valor de referencia de mercado al que se hace referencia en el art. 3.1 y la D.F. 3.ª del Real Decreto Legislativo 1/2004, de 5 de marzo, y, en ausencia de este valor, por el valor catastral del inmueble.

– El resto del patrimonio inmobiliario, bien sea de carácter urbano, bien sea de carácter rústico, se valorará de acuerdo con el valor catastral de los inmuebles.

– Las cuentas bancarias y depósitos, los activos financieros y las participaciones, se valorarán por su valor a 31 de diciembre consignado en las últimas declaraciones tributarias informativas disponibles cuyo plazo reglamentario de declaración haya finalizado en el momento de presentar la solicitud.

> **A TENER EN CUENTA**. Independientemente de la valoración del patrimonio neto, se considerará que no cumplen el requisito de vulnerabilidad económica del ingreso mínimo vital las personas beneficiarias individuales o las unidades de convivencia que posean activos no societarios por un valor superior al establecido en el anexo III de la Ley 19/2021, de 20 de diciembre.

CUESTIÓN

¿Cuál es el patrimonio máximo permitido para poder percibir el IMV?

El patrimonio máximo permitido para poder tener derecho a percibir el IMV es de tres veces la cuantía anual de la prestación para cada uno de los casos, restando posibles deudas que se tengan y sin tener en cuenta el valor de la vivienda habitual (art. 11.3 de la LIMV). Para el cómputo del patrimonio debemos tener en cuenta la escala de incrementos que figura en el anexo II de la LIMV. Es decir:

– **Persona beneficiaria individual**: su patrimonio no puede ser o superar 3 veces el IMV de una persona individual.

– **Unidad de convivencia**: resultado de multiplicar el mínimo individual por el porcentaje según la situación que corresponda.

Situación	Escala de incrementos
Un adulto solo	3 veces la renta garantizada para un adulto solo.
Un adulto y un menor	1,4
Un adulto y dos menores	1,8
Un adulto y tres o más menores	2,2
Dos adultos	1,4
Dos adultos y un menor	1,8
Dos adultos y dos menores	2,2
Dos adultos y tres o más menores	2,6
Tres adultos	1,8
Tres adultos y un menor	2,2
Tres adultos y dos o más niños	2,6
Cuatro adultos	2,2
Cuatro adultos y un niño	2,6
Otros	2,6

– Situación de vulnerabilidad económica sobrevenida durante al año en curso: se considerará para cumplir el requisito de rentas la parte proporcional de los ingresos durante el tiempo transcurrido del año en curso.

RESOLUCIONES RELEVANTES

STSJ de Aragón n.º 361/2022, de 26 de mayo, ECLI:ES:TSJAR:2022:702

Revoca la sentencia de instancia y reconoce el derecho al ingreso mínimo vital. En este caso la unidad de convivencia estaba formada por la demandante, su pareja y una menor de edad. La unidad de convivencia estaba empadronada en una localidad donde se ubica el inmueble de residencia propiedad de la actora y cuyo valor catastral ascendía a 49.081,42 €, compuesto de suelo (8.247 €), construcción (38.808 €) y cultivo (1.846,43 €). El INSS denegó la prestación porque el patrimonio de la actora era de 43.196,40 €. Pero la sentencia de contraste considera que se trata de un error de valoración ya que el patrimonio es de 49.081,42 € y excluida la vivienda habitual, que no computa a los efectos litigiosos, el valor sería de 1.846,43 € correspondiente a la tierra de cultivo, de modo que el patrimonio a efectos de valorar la vulnerabilidad de la solicitante, no supera el límite máximo patrimonial aplicable al caso según las partes.

STSJ de Galicia, rec. 4521/2021, de 26 de mayo de 2022, de ECLI:ES:TSJGAL:2022:3971

«(...) conforme al cálculo tiene unas rentas de 1200 euros anuales por la menor a la que habrá que sumar sus propios ingresos 6.671,50 euros, o sea un total de 7.871,50 euros, y 229,13 euros que es el importe de renta imputable al inmueble, o sea un total de 8.100,93 euros. Mientras que el límite de acumulación de ingresos (art 8 RD es conforme al anexo y art 8. 2 y 10 RD la cantidad de 8.417,76) 5.538 multiplicado por el incremento de 1,52), y de ello resulta, que no se supera el límite, con lo que la actora tendría derecho a la prestación solicitada (...)».

4.4. Variación de datos

El perceptor del IMV, como titular, en nombre propio o en nombre de una unidad de convivencia, debe comunicar al Instituto Nacional de la Seguridad Social cualquier variación de los datos aportados en su momento que afecten a la prestación que percibe.

> **A TENER EN CUENTA.** El INSS cuenta con un formulario oficial disponible a través de la sede electrónica de la Seguridad Social. Cuando la variación afecte a más de una persona tendrá que cumplimentar un formulario por cada persona a la que afecte la variación.

Las variaciones de la situación personal, económica o familiar que se deben comunicar son:

- Fallecimiento de algún integrante de la unidad de convivencia distinto de titular (aportar certificado de defunción). Si el fallecimiento es del titular de la prestación lo que se debe comunicar es la baja, ya que habría que solicitar de nuevo la prestación con otro titular.
- Cese de la convivencia entre progenitores, adoptantes o acogedores debida a separación matrimonial o divorcio (aportar sentencia judicial o, si se encuentra en trámite, convenio regulador aprobado judicialmente si en estos documentos se asigna la guarda y custodia de los hijos).
- Inicio o cese de una actividad laboral del titular o beneficiario (aportar copia del contrato de trabajo y recibo de salarios o en su caso certificado de empresa).
- Discapacidad, debida a declaración inicial, revisión o supresión (aportar título de discapacidad expedido por el IMSERSO u organismo dependiente de la Comunidad Autónoma en aquellos casos en que no se disponga de información).
- Datos de identidad/residencia (aportar documentos de identificación).
- Presentación de renta/declaración responsable de ingresos (aportar documentación justificativa).
- Nacimiento de un nuevo miembro de la unidad de convivencia (aportar documentos de identificación).
- Cambio de guarda y custodia y/o monoparentalidad (aportar documentos de identificación).
- Cualquier otro tipo de variación que se considere relevante.

Si los datos o documentos se encuentran en poder de cualquier Administración el beneficiario puede dar el consentimiento al Instituto Nacional de la Seguridad Social para su consulta electrónica. En caso de no dar su consentimiento deberá aportar, en el plazo de 10 días hábiles, los documentos que se le indiquen que sean necesarios para resolver su solicitud y gestionar, en su caso, la prestación reconocida.

5.
CUANTÍA Y PAGO

La cuantía mensual de la prestación de ingreso mínimo vital que corresponde a la persona beneficiaria individual o a la unidad de convivencia vendrá determinada por la diferencia entre la cuantía de la renta garantizada, según lo establecido en el apartado siguiente, y el conjunto de todas las rentas e ingresos de la persona beneficiaria o de los miembros que componen esa unidad de convivencia del ejercicio anterior, en los términos establecidos en los artículos 11, 16 y 19 de la Ley 19/2021, de 20 de diciembre, siempre que la cuantía resultante sea igual o superior a 10 euros mensuales.

Se considera renta garantizada:

a) En el caso de una **persona beneficiaria individual**, la cuantía mensual de renta garantizada ascenderá al **100 por ciento del importe anual de las pensiones no contributivas fijadas anualmente en la Ley de Presupuestos Generales del Estado, dividido por doce**.

– A esta cantidad se sumará un complemento equivalente a un 22 por ciento en el supuesto de que el beneficiario individual tenga un grado de discapacidad reconocido igual o superior al sesenta y cinco por ciento.

En el caso de una **unidad de convivencia** la cuantía mensual indicada se incrementará en un **30 por ciento por miembro adicional a partir del segundo hasta un máximo del 220 por ciento**.

b) **Complementos de monoparentalidad y discapacidad**. A la cuantía mensual establecida para la unidad de convivencia [art. 13.2.b) de la Ley 19/2021, de 20 de diciembre] se sumará:

– Un **complemento de monoparentalidad equivalente a un 22 por ciento** en el supuesto de que la unidad de convivencia sea monoparental. A los efectos de determinar la cuantía de la prestación, se entenderá por unidad de convivencia monoparental la constituida por un solo adulto que conviva con uno o más descendientes hasta el segundo grado menores de edad sobre los que tenga la guarda y custodia exclusiva, o que conviva con uno o más menores en régimen de acogimiento familiar permanente o guarda con fines de adopción cuando se trata del único acogedor o guardador, o cuando el otro progenitor, guardador o acogedor se encuentre ingresado en prisión o en un centro hospitalario por un periodo ininterrumpido igual o superior a un año.

– En el supuesto de que los descendientes o menores referidos en el párrafo anterior convivan exclusivamente con sus progenitores o, en su caso, con sus abuelos o guardadores o acogedores, se reconocerá el mismo complemento, cuando uno de estos tenga reconocido un **grado 3 de dependencia, la incapacidad permanente absoluta o la gran invalidez**. También se entenderá como unidad de convivencia monoparental, a efectos de la percepción del indicado complemento, la formada exclusivamente por una mujer que ha sufrido violencia de género, de acuerdo con la Ley Orgánica 1/2004, de 28 de diciembre, de medidas de protección integral contra la violencia de género, y uno o más descendientes hasta el segundo grado, menores de edad, sobre los que tenga la guarda y custodia o, en su caso, uno o más menores en régimen de acogimiento familiar permanente o guarda con fines de adopción.

– Igualmente se sumará un complemento equivalente a un 22 por ciento en el supuesto de que en la unidad de convivencia esté incluida alguna persona con un **grado de discapacidad reconocida igual o superior al sesenta y cinco por ciento.**

> **A TENER EN CUENTA.** El derecho a percibir los complementos por tener reconocido la persona un grado de discapacidad igual o superior al 65 % y por unidad de convivencia monoparental [art. 13.2.a), b), c) y d) de la Ley 19/2021, de 20 de diciembre], se mantendrá hasta el 31 de diciembre del ejercicio en curso, aunque durante el mismo dejen de concurrir los motivos que dieron lugar a su concesión (D.A. 2.ª del Real Decreto 789/2022, de 27 de septiembre).

c) **Complemento de ayuda para la infancia** (art. 11.6 de la Ley 19/2021, de 20 de diciembre), será una cantidad mensual por cada menor de edad miembro de la unidad de convivencia, en función de la edad cumplida el día 1 de enero del correspondiente ejercicio, con arreglo a los siguientes tramos **para el año 2025:**

– Menores de tres años: 115 euros.

– Mayores de tres años y menores de seis años: 80,50 euros.

– Mayores de seis años y menores de 18 años: 57,50 euros.

Para recibir este complemento del Ingreso Mínimo Vital los hogares tendrán que cumplir dos requisitos: no superar el 300 % de la renta garantizada del IMV para su tipo de hogar; y, no superar el 150 % del umbral de patrimonio correspondiente a su tipo de hogar.

A los efectos de determinar la cuantía de la prestación en relación a la renta garantizada, precisar (a modo no exhaustivo):

– Se entenderá por **unidad de convivencia monoparental** la constituida por un solo adulto que conviva con uno o más descendientes hasta el segundo grado menores de edad sobre los que tenga la guarda y custodia exclusiva, o que conviva con uno o más menores en régimen de acogimiento familiar permanente o guarda con fines de adopción cuando se trata del único acogedor o guardador, o cuando el otro progenitor, guardador o acogedor se encuentre ingresado en prisión o en un centro hospitalario por un periodo ininterrumpido igual o superior a un año.

- En el supuesto de que los **descendientes o menores** referidos en el párrafo anterior convivan exclusivamente con sus progenitores o, en su caso, con sus abuelos o guardadores o acogedores, se reconocerá el mismo complemento, cuando uno de estos tenga reconocido un grado 3 de dependencia, la incapacidad permanente absoluta o la gran invalidez. También se entenderá como unidad de convivencia monoparental, a efectos de la percepción del indicado complemento, la formada exclusivamente por una mujer que ha sufrido violencia de género, de acuerdo con la Ley Orgánica 1/2004, de 28 de diciembre, de medidas de protección integral contra la violencia de género, y uno o más descendientes hasta el segundo grado, menores de edad, sobre los que tenga la guarda y custodia o, en su caso, uno o más menores en régimen de acogimiento familiar permanente o guarda con fines de adopción.

- Reglamentariamente se determinará el **posible incremento de las cuantías** fijadas en los párrafos anteriores cuando se acrediten gastos de alquiler de la vivienda habitual superiores al 10 por ciento de la renta garantizada que corresponda, en su cuantía anual, en función del tamaño y configuración de la unidad de convivencia.

- **Cuando los mismos hijos o menores o mayores incapacitados judicialmente formen parte de distintas unidades familiares** en supuestos de custodia compartida establecida judicialmente, se considerará, a efectos de la determinación de la cuantía de la prestación, que forman parte de la unidad donde se encuentren domiciliados.

> **A TENER EN CUENTA.** Este complemento de ayuda se mantendrá hasta el 31 de diciembre del ejercicio en curso, aunque durante el mismo el menor cumpla la mayoría de edad. Su extinción o modificación, por tanto, surtirá efectos a partir del día 1 de enero del año siguiente a aquél en el que se dejaron de concurrir los motivos que dieron lugar a su concesión o el menor cumplió la mayoría de edad (D.A. 2.ª del Real Decreto 789/2022, de 27 de septiembre).

d) Con efectos de 01/01/2023, se regula un **incentivo al empleo para beneficiarios del IMV,** mediante la compatibilidad del Ingreso Mínimo Vital con los ingresos procedentes de rentas del trabajo o de la actividad económica por cuenta propia con el fin de mejorar las oportunidades reales de inclusión social y laboral de las personas beneficiarias de la prestación (Real Decreto 789/2022, de 27 de septiembre).

Cuantías de la renta garantizada en 2025. Unidad no monoparental		
Unidad de convivencia	Euros / año	Euros / mes
Un adulto	7.905,72	658,81
Un adulto y un menor	10.277,52	856,46
Un adulto y dos menores	12.649,20	1.054,10

Cuantías de la renta garantizada en 2025. Unidad no monoparental		
Unidad de convivencia	Euros / año	Euros / mes
Un adulto y tres menores	15.021	1.251,75
Un adulto y más de tres menores	17.392,68	1.449,39
Dos adultos	10.277,52	856,46
Dos adultos y un menor	12.649,20	1.054,10
Dos adultos y dos menores	15.021	1.251,75
Dos adultos y más de dos menores	17.392.68	1.449,39
Tres adultos	12.649,20	1.054,10
Tres adultos y un menor	15.021	1.251,75
Tres adultos y más de dos menores	17.392.68	1.449,39
Cuatro adultos	15.021	1.251,75
Cuatro adultos y un menor	17.392,68	1.449,39
Otros	17.392,68	1.449,39

Cuantías de la renta garantizada en 2025. Unidad monoparental		
Unidad de convivencia	Euros / año	Euros / mes
Un adulto y un menor	12.016.80	1.001,4
Un adulto y dos menores	14.388,48	1.199,04
Un adulto y tres menores	16.760,028	1.396,69
Un adulto y cuatro o más menores	19.131,96	1.594,33

Fuente: *Ingreso Mínimo Vital. TGSS*

Modificación y actualización de la cuantía del IMV

Como hemos reiterado a lo largo de la obra, la cuantía mensual de la prestación de ingreso mínimo vital que corresponde a la persona beneficiaria individual o a la unidad de convivencia vendrá determinada por la diferencia entre la cuantía de la renta garantizada, según lo establecido en el apdo. 2 del art. 13 de la LIMV, y el conjunto de todas las rentas e ingresos de la persona beneficiaria o de los miembros que componen esa unidad de convivencia del ejercicio anterior, en los términos establecidos en los arts. 11, 16 y 19 de la LIMV, siempre que la cuantía resultante sea igual o superior a 10 euros mensuales (art. 16 de la LIMV).

El cambio en las circunstancias personales, económicas o patrimoniales de la persona beneficiaria del ingreso mínimo vital, o de alguno de los miembros de la unidad de convivencia, podrá suponer la modificación de la cuantía de la prestación económica mediante la revisión correspondiente por la entidad gestora.

En cualquier caso, la cuantía de la prestación se actualizará con efectos del día 1 de enero de cada año, tomando como referencia los ingresos anuales computables del ejercicio anterior. Cuando la variación de los ingresos anuales computables del ejercicio anterior motivara la extinción de la prestación, esta surtirá igualmente efectos a partir del día 1 de enero del año siguiente a aquél al que correspondan dichos ingresos.

CUESTIONES

1. Si la diferencia entre renta garantizada y el conjunto de todas las rentas e ingresos de la persona beneficiaria (o unidad de convivencia) es de 70 euros anuales, ¿existe derecho a ser beneficiario del IMV?

No. En el supuesto planteado la diferencia entre renta garantizada, y el conjunto de todas las rentas e ingresos de la persona beneficiaria o unidad de convivencia asciende a 70 euros anuales que suponen una diferencia que no alcanza la diferencia de 10 euros mensuales que exige la norma. Razón esta que determinaría en su caso la estimación del tercer motivo del recurso y segundo de infracción normativa (art. 13 de la LIMV y STSJ de la C. Valenciana, rec. 1675/2022, de 9 de marzo de 2023, ECLI:ES:TSJCV:2023:2380).

2. ¿Qué modificaciones de datos se notifican a la entidad gestora?

Atendiendo al modelo oficial para la comunicación de las variaciones de datos asociadas al IMV:

– Variación de la situación personal, económica o familiar.
– Fallecimiento de algún integrante de la unidad de convivencia distinto de titular.
– Si el fallecimiento es del titular de la prestación lo que se debe comunicar es la baja, ya que habría que solicitar de nuevo la prestación con otro titular.
– Cese de la convivencia entre progenitores, adoptantes o acogedores debida a separación matrimonial o divorcio.
– Inicio o cese de una actividad laboral del titular o beneficiario.
– Discapacidad, debida a declaración inicial, revisión o supresión (aportar título de discapacidad expedido por el IMSERSO u organismo dependiente de la Comunidad Autónoma en aquellos casos en que no se disponga de información).
– Datos de identidad/residencia.
– Presentación de renta/declaración responsable de ingresos.
– Nacimiento de un nuevo miembro de la Unidad de convivencia (aportar documentos de identificación).
– Cambio de guarda y custodia y/o monoparentalidad (aportar documentos de identificación).
– Cualquier otro tipo de variación.

Pago del IMV

El derecho a la prestación del ingreso mínimo vital nacerá a partir del primer día del mes siguiente al de la fecha de presentación de la solicitud.

El pago será mensual y se realizará mediante transferencia bancaria, a una cuenta del titular de la prestación, de acuerdo con los plazos y procedimientos establecidos en el Reglamento general de la gestión financiera de la Seguridad Social, aprobado por el Real Decreto 696/2018, de 29 de junio.

6.
SOLICITUD, TRAMITACIÓN Y RECONOCIMIENTO PROVISIONAL

El derecho a la prestación del ingreso mínimo vital nacerá a partir del primer día del mes siguiente al de la fecha de presentación de la solicitud.

6.1. Solicitud

La solicitud se realizará en el modelo normalizado acompañado de la documentación justificativa.

Dicha solicitud se presentará, preferentemente, en la sede electrónica de la Seguridad Social o a través de aquellos otros canales de comunicación telemática que el Instituto Nacional de la Seguridad Social tenga habilitados al efecto (art. 32 de la Ley 19/2021, de 20 de diciembre).

En su solicitud, cada interesado autorizará expresamente a la administración que tramita su solicitud para que recabe sus datos tributarios de la Agencia Estatal de Administración Tributaria, de los órganos competentes de las comunidades autónomas, de la Hacienda Foral de Navarra o diputaciones forales del País Vasco y de la Dirección General del Catastro Inmobiliario, conforme al artículo 95.1.k) de la Ley 58/2003, de 17 de diciembre, General Tributaria o, en su caso, en la normativa foral aplicable.

A TENER EN CUENTA. Puede solicitar este trámite a través de la Sede Electrónica de la Seguridad Social (http://sede.seg-social.gob.es), tanto con certificado digital o Cl@ve permanente como sin certificado electrónico. Una vez solicitado, el posible beneficiario puede acceder al borrador de la solicitud o ver su evolución y realizar gestiones o trámites sobre la misma.

CUESTIONES

1. ¿Es posible que para acceder a ciertas ayudas de las comunidades autónomas sea necesario la denegación del IMV?

Sí. Con carácter general las rentas mínimas de inserción de algunas comunidades autónomas tienen un carácter subsidiario. Esto significa que, para poder acceder a esta prestación, es necesario cumplir con el requisito de haber solicitado previamente otras prestaciones que pudieran corresponder, como el Ingreso Mínimo Vital (IMV), y que estas sean denegadas. A modo de ej., el artículo 4.2 de la 5/2001, de 27 de diciembre, de Renta Mínima de Inserción en la Comunidad de Madrid, establece que solo se puede conceder la RMI si las solicitudes de otras prestaciones han sido denegadas. Por lo tanto, si un solicitante no ha solicitado el IMV, no podría acceder a la RMI, ya que no cumpliría con el requisito de subsidiariedad (STSJ de Madrid, rec. 1164/2022, de 1 de junio de 2023, ECLI:ES:TSJM:2023:6598).

2. ¿Puede solicitar otra persona distinta al beneficiario el IMV?

Sí. En caso de actuación por medio de representante, la representación deberá acreditarse por cualquier medio válido en Derecho que deje constancia fidedigna o mediante declaración en comparecencia personal del interesado ante el órgano administrativo competente. A estos efectos, serán válidos los documentos normalizados de representación que apruebe la Administración de la Seguridad Social para determinados procedimientos.

6.2. Documentación

La documentación necesaria para justificar el cumplimiento de los requisitos será, de modo general (art. 21 de la Ley 19/2021, de 20 de diciembre):

– **Acreditación de la identidad**: DNI, libro de familia, o certificado de nacimiento (en el caso de un extranjero será necesaria documentación adicional).

– **Acreditación de residencia legal en territorio español**: inscripción en el registro central de extranjeros, en el caso de nacionales de los Estados miembros de la Unión Europea, Espacio Económico Europeo o la Confederación Suiza, o con tarjeta de familiar de ciudadano de la Unión o autorización de residencia, en cualquiera de sus modalidades, en el caso de extranjeros de otra nacionalidad.

– **Acreditación del domicilio en España**: certificado de empadronamiento histórico-colectivo que acredite la residencia de todas las personas empadronadas en el domicilio junto al solicitante al menos con un año (o tres años en los casos de solicitud de unidad económica de convivencia).

– **Acreditación de existencia de la unidad de convivencia**: libro de familia, certificado del registro civil, inscripción en un registro de parejas de hecho en los términos del artículo 221.2 del texto refundido de la Ley General de la Seguridad Social, y certificado de empadronamiento en la misma vivienda.

– **Acreditación del valor del patrimonio, así como de las rentas e ingresos computables:** para acreditar el valor del patrimonio, así como de las rentas e ingresos computables, y los gastos de alquiler, del titular del derecho y de los miembros de la unidad de convivencia, el titular del ingreso mínimo vital y los miembros de la unidad de convivencia cumplimentarán la **declaración responsable** que, a tal efecto, figurará en el modelo normalizado de solicitud (art. 27 de la LIMV).

– En casos de **separación o divorcio,** la unidad de convivencia establecida «constituida por una persona acompañada de sus hijos o menores en régimen de guarda con fines de adopción o acogimiento familiar permanente y sus familiares hasta el segundo grado por consanguinidad o afinidad, que haya iniciado los trámites de separación o divorcio» se acreditará con la presentación de la demanda o resolución judicial.

– La **condición de víctima de violencia de género** se acreditará por cualquiera de los medios establecidos en el artículo 23 de la Ley Orgánica 1/2004, de 28 de diciembre, de Medidas de Protección Integral contra la Violencia de Género.

– La **condición de víctima de trata de seres humanos y de explotación sexual** se acreditará a través de un informe emitido por los servicios públicos encargados de la atención integral a estas víctimas o por los servicios sociales, así como por cualquier otro medio de acreditación que se determine reglamentariamente.

– La **condición de persona de entre 18 y 22 años que provengan de centros residenciales de protección de menores** se acreditará mediante el certificado expedido por la entidad que haya ostentado la acogida o tutela de la Comunidad Autónoma correspondiente.

– La **condición de discapacidad igual o superior al 65 %** se acreditará con certificado del órgano competente de las comunidades autónomas y del IMSERSO en Ceuta y Melilla.

> **A TENER EN CUENTA.** Respecto de los documentos que no se encuentren en poder de la administración, si no pueden ser aportados por el interesado en el momento de la solicitud, se incluirá la declaración responsable del solicitante en la que conste que se obliga a presentarlos durante la tramitación del procedimiento.

6.3. Tramitación

La tramitación de las prestaciones por IMV se ajustará a lo dispuesto en la Ley 39/2015, de 1 de octubre, del Procedimiento Administrativo Común de las Administraciones Públicas, con las especialidades en ella previstas para tales actos en cuanto a impugnación y revisión, así como con las establecidas del art. 129 de la LGSS y arts. 24-29 de la LIMV.

Admisión de la solicitud

Presentada la solicitud, procederá iniciar la instrucción del procedimiento administrativo en orden a comprobar el cumplimiento de los requisitos determinantes del reconocimiento de la prestación.

Una vez recibida la solicitud de la prestación, el órgano competente, con carácter previo a la admisión de la misma, procederá a comprobar si los beneficiarios que vivan solos o formando parte de una unidad de convivencia, en función de los datos declarados en la solicitud presentada, cumplen el requisito de vulnerabilidad [art. 10.1.b) de la LIMV].

- **Resolución de inadmisión:** deberá ser dictada en el **plazo de 30 días.** Se podrá interponer reclamación administrativa previa en materia de prestaciones de Seguridad Social, de acuerdo con lo establecido en el art. 71 de la LRJS, y cuyo objeto se limitará a conocer sobre la causa de inadmisión.

- **Admisión a trámite de la solicitud:** si, durante la instrucción del procedimiento, la entidad gestora efectuara nuevas comprobaciones que determinaran el incumplimiento del requisito de vulnerabilidad [art. 10.1.b) de la LIMV] podría proceder a su desestimación.

Requerimiento de documentación

Respecto de los documentos que no se encuentren en poder de la administración, si no pueden ser aportados por el interesado en el momento de la solicitud, se incluirá la declaración responsable del solicitante en la que conste que se obliga a presentarlos durante la tramitación del procedimiento (art. 27.2 de la LIMV).

Si con posterioridad el interesado no hubiera aportado la documentación fijada en la declaración responsable, con carácter previo a dictar resolución, la entidad gestora le requerirá a tal efecto. En este caso, **quedará suspendido el procedimiento durante el plazo máximo de tres meses.** Si transcurrido dicho plazo no hubiere presentado la documentación requerida, se producirá la caducidad del procedimiento (art. 28 de la LIMV).

Resolución de la solicitud

El Instituto Nacional de la Seguridad Social procederá a dictar resolución, y a notificar la misma a la persona solicitante, en el plazo máximo de **seis meses** desde la fecha de entrada en su registro de la solicitud.

Una vez transcurrido el plazo máximo para dictar resolución sin que haya recaído resolución expresa, se entenderá desestimada la petición por silencio administrativo.

CUESTIÓN

En el supuesto de personas sin domicilio, ¿dónde se notificará la resolución del IMV?

En el supuesto de personas sin domicilio empadronadas al amparo de lo previsto en las correspondientes instrucciones técnicas a los Ayuntamientos sobre la gestión del Padrón municipal, las notificaciones serán efectuadas en los servicios sociales del municipio o, en su caso, en la sede o centro de la entidad en los que las personas interesadas figuren empadronadas.

6.4. Supervisión del cumplimiento de requisitos

El Instituto Nacional de la Seguridad Social comprobará el cumplimiento de los requisitos y obligaciones de la persona titular y demás personas que integren la unidad de convivencia.

Para ello verificará, entre otros, que quedan acreditados los requisitos relativos a la identidad del solicitante y de todas las personas que integran la unidad de convivencia, a la residencia legal y efectiva en España de este y de los miembros de la unidad de convivencia en la que se integrara, residencia efectiva de los miembros de la unidad de convivencia en el domicilio, la composición de la unidad de convivencia, relación de parentesco y pareja de hecho, rentas e ingresos, patrimonio, y el resto de condiciones necesarias para determinar el acceso al derecho a la prestación así como su cuantía. Del mismo modo, mediante controles periódicos realizará las comprobaciones necesarias del cumplimiento de los requisitos y obligaciones que permiten el mantenimiento del derecho o de su cuantía.

A TENER EN CUENTA. Para el ejercicio de su función supervisora, el Instituto Nacional de la Seguridad Social llevará a cabo cuantas comprobaciones, inspecciones, revisiones y verificaciones sean necesarias y requerirá la colaboración de las personas titulares del derecho y de las administraciones públicas, de los organismos y entidades públicas y de personas jurídico-privadas. Estas comprobaciones se realizarán preferentemente por medios telemáticos o informáticos.

CUESTIÓN

¿El INSS cómo comprobará los datos de ingresos y patrimonio del beneficiario o su UC?

La supervisión de los requisitos de ingresos y patrimonio establecidos en la presente Ley, para el acceso y mantenimiento de la prestación económica de ingreso mínimo vital, se realizará por la entidad gestora conforme a la información que se recabe por medios telemáticos de la Agencia Estatal de Administración Tributaria y de las haciendas tributarias forales de Navarra y de los territorios históricos del País Vasco. A tales efectos, se tomará como referencia la información que conste en esas haciendas públicas respecto del ejercicio anterior a aquel en el que se realiza esa actividad de reconocimiento.

6.5. Reconocimiento provisional del importe del ingreso mínimo vital al amparo de información tributaria de carácter provisional

Cuando la información tributaria relativa a los ingresos anuales correspondientes al año anterior para el reconocimiento del IMV tenga carácter provisional (art. 21.7 de la Ley 19/2021, de 20 de diciembre), el INSS podrá reconocer el importe de la prestación (o modificar su cuantía) con carácter provisional, teniendo en cuenta dicha información. En estos casos se darán los siguientes supuestos (D.A. 3.ª del Real Decreto 789/2022, de 27 de septiembre):

– Si posteriormente se modificase esa información y se comprobase que, en base a los nuevos datos, el importe del derecho reconocido o revalorizado provisionalmente hubiera de ser otro, se emitirá la resolución definitiva que proceda.

– Si la información tributaria provisional no fuese modificada, la resolución provisional devendrá definitiva el 31 de diciembre del ejercicio en el que se hubiese llevado a cabo el reconocimiento del derecho o la revisión del importe.

– Cuando la modificación de la información tributaria determine que se hayan abonado importes en exceso a los beneficiarios del ingreso mínimo vital, aquellos podrán ser objeto de compensación directa mediante su descuento sobre la cuantía de la prestación del ingreso mínimo vital que, en su caso, hubiere de ser abonada en virtud de la resolución definitiva, garantizando el percibo del 30 por ciento mensual de esta cuantía. Dicha compensación procederá únicamente cuando el importe total percibido en exceso pueda ser descontado, aplicando la citada garantía, en un período máximo de doce mensualidades. En otro caso, se aplicará, según proceda, el procedimiento general o especial de reintegro de prestaciones de la Seguridad Social indebidamente percibidas. Sin perjuicio de la posibilidad de recalcular posteriormente el importe objeto de compensación.

> **A TENER EN CUENTA**. Los importes percibidos en exceso, el descuento mensual y el plazo de compensación se comunicarán al interesado con la resolución definitiva que se dicte de acuerdo con lo previsto en el párrafo segundo de esta disposición adicional.

7.
DURACIÓN, SUSPENSIÓN Y EXTINCIÓN

El derecho a percibir la prestación económica del ingreso mínimo vital **se mantendrá mientras subsistan los motivos que dieron lugar a su concesión y se cumplan los requisitos y obligaciones previstos**. No obstante, todas las personas beneficiarias, integradas o no en una unidad de convivencia, estarán obligadas a poner en conocimiento de la entidad gestora competente, en el plazo de treinta días naturales, aquellas circunstancias que afecten al cumplimiento de los requisitos o de las obligaciones establecidos.

El cambio en las circunstancias personales, económicas o patrimoniales de la persona beneficiaria del ingreso mínimo vital, o de alguno de los miembros de la unidad de convivencia, podrá comportar la **disminución o el aumento de la prestación económica** mediante la revisión correspondiente por la entidad gestora. La modificación tendrá efectos a partir del día primero del mes siguiente al de la fecha en que se hubiera producido el hecho causante de la modificación.

Suspensión del derecho a la prestación

El derecho al ingreso mínimo vital **se suspenderá** por las siguientes causas (art. 17 de la Ley 19/2021, de 20 de diciembre):

- Pérdida temporal de alguno de los requisitos exigidos para su reconocimiento.
- Incumplimiento temporal por parte de la persona beneficiaria, del titular o de algún miembro de su unidad de convivencia de las obligaciones asumidas al acceder a la prestación.
- Cautelarmente en caso de indicios de incumplimiento por parte de la persona beneficiaria, del titular o de algún miembro de su unidad de convivencia de los requisitos establecidos o las obligaciones asumidas al acceder a la prestación, cuando así se resuelva por parte de la entidad gestora. En todo caso, se procederá a la suspensión cautelar en el caso de traslado al extranjero por un periodo, continuado o no, superior a noventa días naturales al año, sin haber comunicado a la entidad gestora con antelación el mismo ni estar debidamente justificado.

– Cautelarmente, en caso de que en el plazo previsto no se hubiera recibido comunicación sobre el mantenimiento o variación de los certificados (art. 22 de la Ley 19/2021, de 20 de diciembre).

– Incumplimiento de las condiciones asociadas a la compatibilidad del ingreso mínimo vital con las rentas del trabajo o la actividad económica por cuenta propia (art. 8.4 de la Ley 19/2021, de 20 de diciembre), de acuerdo con lo que se establezca reglamentariamente.

– Cuando las personas que tengan la condición de obligados tributarios hubieran incumplido durante dos ejercicios fiscales seguidos la obligación de presentar la declaración del impuesto sobre la renta de las personas físicas en las condiciones y plazos previstos en la normativa tributaria aplicable.

– Cualquier otra causa que se determine reglamentariamente.

Como precisión a los **efectos de suspensión** la norma concreta:

– La suspensión implicará la suspensión del pago de la prestación a partir del primer día del mes siguiente a aquel en que se produzcan las causas de suspensión o a aquel en el que se tenga conocimiento por la entidad gestora competente y sin perjuicio de la obligación de reintegro de las cantidades indebidamente percibidas. La suspensión se mantendrá mientras persistan las circunstancias que hubieran dado lugar a la misma.

– Si la suspensión se mantiene durante un año, el derecho a la prestación quedará extinguido.

– Desaparecidas las causas que motivaron la suspensión del derecho, se procederá de oficio o a instancia de parte a reanudar el derecho siempre que se mantengan los requisitos que dieron lugar a su reconocimiento. En caso contrario, se procederá a la modificación o extinción del derecho según proceda.

– La prestación se devengará a partir del día 1 del mes siguiente a la fecha en que hubieran decaído las causas que motivaron la suspensión.

Extinción del derecho a la prestación

El derecho a la prestación de ingreso mínimo vital se extinguirá por las siguientes causas (art. 18 de la Ley 19/2021, de 20 de diciembre):

– Fallecimiento de la persona titular. No obstante, cuando se trate de unidades de convivencia, cualquier otro miembro que cumpla los requisitos establecidos, podrá presentar una nueva solicitud en el plazo de tres meses a contar desde el día siguiente a la fecha del fallecimiento para el reconocimiento, en su caso, de un nuevo derecho a la prestación en función de la nueva composición de la unidad de convivencia. Los efectos económicos del derecho que pueda corresponder a la unidad de convivencia en función de sus nuevas circunstancias se producirán a partir del día primero del mes siguiente a la fecha del fallecimiento, siempre que se solicite dentro del plazo señalado.

- Pérdida definitiva de alguno de los requisitos exigidos para el mantenimiento de la prestación.

- Resolución recaída en un procedimiento sancionador, que así lo determine.

- Salida del territorio nacional sin comunicación ni justificación a la entidad gestora durante un periodo, continuado o no, superior a noventa días naturales al año.

- Renuncia del derecho.

- Suspensión durante un año (art. 17.2 de la Ley 19/2021, de 20 de diciembre).

- Incumplimiento reiterado de las condiciones asociadas a la compatibilidad del ingreso mínimo vital con las rentas del trabajo o la actividad económica por cuenta propia a que se refiere el art. 11.4 de la Ley 19/2021, de 20 de diciembre, de acuerdo con lo que se establezca reglamentariamente.

- Cualquier otra causa que se determine reglamentariamente.

La extinción del derecho a la prestación producirá efectos desde el primer día del mes siguiente a la fecha en que concurran las causas extintivas.

8.
COMPATIBILIDADES E INCOMPATIBILIDADES

El IMV es **compatible** con los rendimientos del trabajo (incluidos los de trabajo por cuenta ajena y los obtenidos por personas trabajadoras autónomas), mientras no se supere el umbral establecido.

- En el cómputo de ingresos quedan expresamente excluidas las prestaciones autonómicas concedidas en concepto de rentas mínimas. Por tanto, el ingreso mínimo vital se configura como una prestación «suelo» que se hace compatible con las prestaciones autonómicas que las comunidades autónomas, en el ejercicio de sus competencias estatutarias, puedan conceder en concepto de rentas mínimas, tanto en términos de cobertura como de generosidad. De esta forma, el diseño del ingreso mínimo vital, respetando el principio de autonomía política, permite a las comunidades autónomas modular su acción protectora para adecuarla a las peculiaridades de su territorio, al tiempo que preserva su papel como última red de protección asistencial (STSJ de Asturias, rec. 802/2022, de 31 de mayo de 2022, ECLI:ES:TSJAS:2022:1605).

- Con el fin de que la percepción del ingreso mínimo vital no desincentive la participación en el mercado laboral, la percepción del ingreso mínimo vital será compatible con las rentas del trabajo o la actividad económica por cuenta propia de la persona beneficiaria individual o, en su caso, de uno o varios miembros de la unidad de convivencia en los términos y con los límites establecidos por el Real Decreto 789/2022, de 27 de septiembre.

- En caso de compatibilizar la prestación del ingreso mínimo vital con las rentas del trabajo o la actividad económica cumplir las condiciones establecidas para el acceso y mantenimiento de dicha compatibilidad.

Por el contrario, la percepción de la prestación del IMV será **incompatible** con la percepción de la asignación económica por hijo o menor a cargo, sin discapacidad o con discapacidad inferior al 33 por ciento, cuando exista identidad de causantes o beneficiarios de esta. Con respecto a la asignación económica por hijo o menor a cargo (D.T. 6.ª de la Ley 19/2021, de 20 de diciembre):

- En el supuesto de que la cuantía de la prestación de ingreso mínimo vital sea superior a la de la asignación económica por hijo o menor a cargo, se reconocerá el derecho a la prestación de ingreso mínimo vital. Dicho reconocimiento extinguirá el derecho a la asignación por hijo o menor a cargo.

- En el supuesto de que la cuantía de la prestación de ingreso mínimo vital sea inferior a la de la asignación económica por hijo o menor a cargo, y el interesado optara por la primera, su reconocimiento extinguirá el derecho a la asignación económica por hijo o menor a cargo. Si optara por la asignación económica por hijo o menor a cargo, se denegará por esta causa la solicitud de la prestación de ingreso mínimo vital.

> **A TENER EN CUENTA**. A partir del 1 de junio de 2020, fecha de entrada en vigor del derogado RD-ley 20/2020, no podrán presentarse nuevas solicitudes de la asignación económica por hijo o menor a cargo sin discapacidad o con discapacidad inferior al 33 por ciento del sistema de la Seguridad Social, que quedará a extinguir, sin perjuicio de lo previsto en el párrafo tercero. No obstante, los beneficiarios de la prestación económica transitoria de ingreso mínimo vital que a 31 de diciembre de 2022 no cumplieran los requisitos para ser beneficiarios del ingreso mínimo vital reanudarán el percibo de la asignación económica por hijo o menor a cargo del sistema de la Seguridad Social, siempre que mantengan los requisitos para ser beneficiarios de la misma.

CUESTIONES

1. ¿Las rentas mínimas autonómicas son compatibles con el IMV?

La normativa abre la puerta a una gestión descentralizada del IMV a través de convenios con las Comunidades Autónomas o, en el caso de Navarra y País Vasco, mediante la asunción directa de las funciones y servicios atribuidos al Instituto Nacional de la Seguridad Social. Sin embargo, no impone una obligatoriedad general de participación autonómica en la administración de la prestación. Las Comunidades Autónomas pueden optar por gestionar el IMV o no, y aquellas que decidan participar no están obligadas a complementar las cuantías o cubrir a nuevos grupos.

En la práctica, se han identificado tres escenarios principales en la relación entre el IMV y las rentas mínimas autonómicas o RMA (Series Sociedades. Ingreso Mínimo Vital un año después. La perspectiva autonómica. EAPN España):

1. Comunidades que gestionan el IMV sin complementar la protección con otras ayudas autonómicas: estas comunidades aprovechan la posibilidad de gestionar el IMV de acuerdo con su modelo de gestión anual sin mayores pretensiones de complementación.

2. Comunidades que amplían la protección: algunas comunidades, como Aragón, Comunidad Valenciana y Baleares, han modificado su normativa para complementar el IMV y ampliar la cobertura a perfiles en riesgo de exclusión que no alcanzan el IMV.

3. **Comunidades que mantienen el carácter subsidiario**: otras comunidades, como Andalucía, Asturias, Castilla La Mancha, Castilla y León, Cantabria, Galicia, Murcia, Extremadura, La Rioja, Ceuta, Melilla y Madrid, mantienen un enfoque subsidiario, donde las rentas mínimas autonómicas actúan como una red de protección adicional.

En estos casos hemos de tener en cuenta que el IMV podrá ser complementado con las RMA, siendo en muchos casos preceptivo solicitar previamente el IMV.

2. ¿El trabajo por cuenta ajena o cuenta propia es compatible con el IMV?

La prestación no va dirigida solo a UC o individuos sin ingresos sino también a hogares con empleos precarios por lo que es compatible con otros ingresos como los laborales. El IMV es compatible con otros ingresos, tanto si trabajas por cuenta ajena como si eres trabajador autónomo mientras no superes el importe de la renta garantizada.

9.
REINTEGRO DE PRESTACIONES INDEBIDAMENTE PERCIBIDAS

Con carácter general el art. 55 de la Ley General de la Seguridad Social, establece la obligación de reintegrar las **prestaciones de Seguridad Social indebidamente percibidas.** El procedimiento especial para el reintegro de las prestaciones de la Seguridad Social indebidamente percibidas se regula en el Real Decreto 359/2009, de 20 de marzo, y cuando este no pueda ser aplicado, siguiendo el art. 80 del Real Decreto 1415/2004, de 11 de junio. No obstante, el art. 19 de la Ley 19/2021, de 20 de diciembre, regula las peculiaridades propias del reintegro de prestaciones de IMV indebidamente percibidas.

El Instituto Nacional de la Seguridad Social podrá revisar **de oficio**, en perjuicio de los beneficiarios, los actos relativos a la prestación de ingreso mínimo vital, siempre que dicha revisión se efectúe dentro del **plazo máximo de cuatro años desde que se dictó la resolución administrativa que no hubiere sido impugnada.** Asimismo, en tal caso podrá de oficio declarar y exigir la devolución de las prestaciones indebidamente percibidas.

La entidad gestora podrá proceder en cualquier momento a la rectificación de errores materiales o de hecho y los aritméticos, así como a las revisiones motivadas por la constatación de omisiones o inexactitudes en las declaraciones del beneficiario, así como a la reclamación de las cantidades que, en su caso, se hubieran percibido indebidamente por tal motivo.

A TENER EN CUENTA. En supuestos distintos a los indicados en los párrafos anteriores, la revisión en perjuicio de los beneficiarios se efectuará de conformidad con el artículo 146 de la Ley 36/2011, de 10 de octubre, reguladora de la jurisdicción social.

CUESTIÓN

¿Los beneficiarios del IMV tendrán que devolver las prestaciones indebidamente percibidas?

Sí, este procedimiento se rige por el Real Decreto 148/1996, de 5 de febrero, el Real Decreto 1415/2004, de 11 de junio y el art. 19 de la LIMV. En caso de que no lo hicieran en el plazo voluntario, se aplicarán recargos y comenzará el devengo de intereses de demora.

RESOLUCIÓN RELEVANTE

STSJ de Madrid, rec. 554/2023, de 29 de septiembre de 2023, ECLI:ES:TSJM:2023:1072

Se establece que el INSS tiene la obligación de justificar y detallar los cálculos realizados para determinar la devolución de ingresos indebidos. Esto incluye la cuantificación de los ingresos y la comparación con los límites establecidos para la concesión del IMV, así como cualquier otra consideración relevante que haya influido en la decisión.

Responsables

Cuando mediante resolución se acuerde la extinción o la modificación de la cuantía de la prestación como consecuencia de un cambio en las circunstancias que determinaron su cálculo y no exista derecho a la prestación o el importe a percibir sea inferior al importe percibido, los beneficiarios de la prestación vendrán obligados a reintegrar las cantidades indebidamente percibidas, mediante el procedimiento establecido en el Real Decreto 148/1996, de 5 de febrero, por el que se regula el procedimiento especial para el reintegro de las prestaciones de la Seguridad Social indebidamente percibidas, y en el Reglamento General de Recaudación de la Seguridad Social, aprobado por el Real Decreto 1415/2004, de 11 de junio.

Serán **responsables solidarios** del reintegro de las prestaciones indebidamente percibidas los beneficiarios y todas aquellas personas que en virtud de hechos, omisiones, negocios o actos jurídicos participen en la obtención de una prestación de forma fraudulenta.

Serán exigibles a todos los responsables solidarios el principal, los recargos e intereses que deban exigirse a ese primer responsable, y todas las costas que se generen para el cobro de la deuda.

Supuesto en el que no serán exigibles las cantidades que no superen el 65 por ciento de la cuantía mensual de las pensiones no contributivas

No obstante lo previsto en los apartados anteriores, en cada ejercicio económico, **no serán exigibles las cantidades que no superen el 65 por ciento de la cuantía mensual de las pensiones no contributivas, cuando en la unidad de convivencia se integre, al menos, un beneficiario menor de edad.**

Solo en el caso de que el importe indebidamente percibido por la unidad de convivencia supere el 65 por ciento del referido indicador, el Instituto Nacional de la Seguridad Social iniciará el procedimiento de reintegro de prestaciones indebidamente percibidas para exigir la devolución de la diferencia entre la cantidad no exigible y el importe indebidamente percibido.

A efectos de la consideración de la existencia de menores de edad en la unidad de convivencia se tomará como referencia la fecha de efectos económicos de la modificación de la cuantía o de la extinción de la prestación.

CUESTIÓN

¿En qué condiciones se «perdona» la devolución del Ingreso Mínimo Vital recibido indebidamente?

Para beneficiarse de esta posibilidad será necesario que la cantidad que se debe reintegrar no superare el 65 % de la cuantía mensual de una pensión contributiva y la unidad de convivencia deberá tener, al menos, un menor de edad.

RESOLUCIÓN RELEVANTE

STSJ de Cantabria, rec. 517/2023, de 3 de octubre del 2023, ECLI:ES:TSJCANT:2023:1038

Se discute si la reclamación del reintegro de las cantidades indebidamente percibidas (13.727,04 euros), dadas las dificultades económicas de la beneficiaria, era desproporcionada. El TSJ determina que el derogado artículo 81.3 del Real Decreto Ley 20/2022, relacionado con la posibilidad de no exigir reintegro de cantidades no superiores al 65 % de la cuantía de pensiones no contributivas, no era aplicable, puesto que la regulación vigente al tiempo de la reclamación se vinculaba a la Ley 19/2021 y al anterior marco normativo.

Aplicación de recargos e intereses de demora

En los supuestos previstos en los apartados anteriores, transcurrido el plazo de ingreso en periodo voluntario sin pago de la deuda, se aplicarán los correspondientes recargos y comenzará el devengo de intereses de demora, sin perjuicio de que estos últimos solo sean exigibles respecto del período de recaudación ejecutiva. En los supuestos que se determinen reglamentariamente, la entidad gestora podrá acordar compensar la deuda con las mensualidades del ingreso mínimo vital hasta un determinado porcentaje máximo de cada mensualidad.

CUESTIÓN

¿Qué sucede si el IMV se concedió antes del 28/12/2022?

En los procedimientos de reintegro de prestaciones indebidamente percibidas declaradas y exigidas antes de la entrada en vigor del Real Decreto-ley 20/2022, de 27 de diciembre, de medidas de respuesta a las consecuencias económicas y sociales de la Guerra de Ucrania y de apoyo a la reconstrucción de la isla de La Palma y a otras situaciones de vulnerabilidad, será de aplicación la legislación vigente en la fecha de la resolución mediante la que se acordó su declaración y exigencia (D.T. 9.ª de la Ley 19/2021, de 20 de diciembre).

10.
TRANSICIÓN DEL SUBSIDIO POR DESEMPLEO A LA PRESTACIÓN DE INGRESO MÍNIMO VITAL

Entre la batería de modificaciones realizadas sobre la prestación no contributiva de desempleo, el Real Decreto-ley 2/2024, de 21 de mayo, establece la transición del subsidio por desempleo al Ingreso Mínimo Vital (IMV), con el objetivo de facilitar el acceso a esta prestación a quienes agoten el subsidio por desempleo y cumplan con los requisitos del IMV.

A TENER EN CUENTA. Esta posibilidad entró en vigor el 22 de noviembre de 2024.

La transición desde la extinción del subsidio por desempleo al IMV se realizará conforme a lo establecido en la D.A. 12.ª de la Ley 19/2021, de 20 de diciembre (creada por el Real Decreto-ley 2/2024, de 21 de mayo), siguiendo estos pasos y procedimientos:

1. **Información y consentimiento**: durante el trimestre previo al agotamiento del subsidio por desempleo, la entidad gestora del subsidio informará a la persona beneficiaria sobre la posibilidad de remitir sus datos y los de los miembros de su unidad familiar a la entidad gestora del IMV. Para ello, se requerirá el consentimiento del interesado y, en su caso, la suscripción de una declaración responsable sobre la inexistencia de terceras personas residentes en el mismo domicilio y otros extremos relevantes.

2. **Remisión de datos**: la entidad gestora del subsidio por desempleo comprobará la existencia del consentimiento y la correcta cumplimentación de la declaración responsable. Dentro de los diez días siguientes al agotamiento del subsidio, remitirá a la entidad gestora del IMV la información necesaria para la tramitación de esta prestación, incluyendo datos identificativos, fecha de agotamiento del subsidio, importes brutos devengados y número de cuenta corriente

3. **Comprobaciones por la Entidad Gestora del IMV**: la entidad gestora del IMV verificará la inexistencia de terceras personas empadronadas en el mismo domicilio y comprobará el requisito de vulnerabilidad económica a través de la información proporcionada por la Agencia Estatal de la Administración Tributaria y otras Haciendas Tributarias Forales. También se comprobarán los requisitos de residencia legal y efectiva en España, vida independiente y la válida constitución de la unidad de convivencia.

4. **Resolución y notificación**: la entidad gestora del IMV dictará resolución y notificará la misma en un plazo máximo de seis meses desde el agotamiento del subsidio por desempleo. Si no se notifica resolución expresa en dicho plazo, se entenderá desestimada la solicitud.

5. **Efectos económicos**: en caso de reconocimiento del derecho al IMV, la fecha del hecho causante será la fecha del agotamiento del subsidio, y los efectos económicos se producirán el día primero del mes siguiente al de la fecha del hecho causante. La persona titular del IMV será la beneficiaria del subsidio por desempleo extinguido y se abonará en la misma cuenta bancaria.

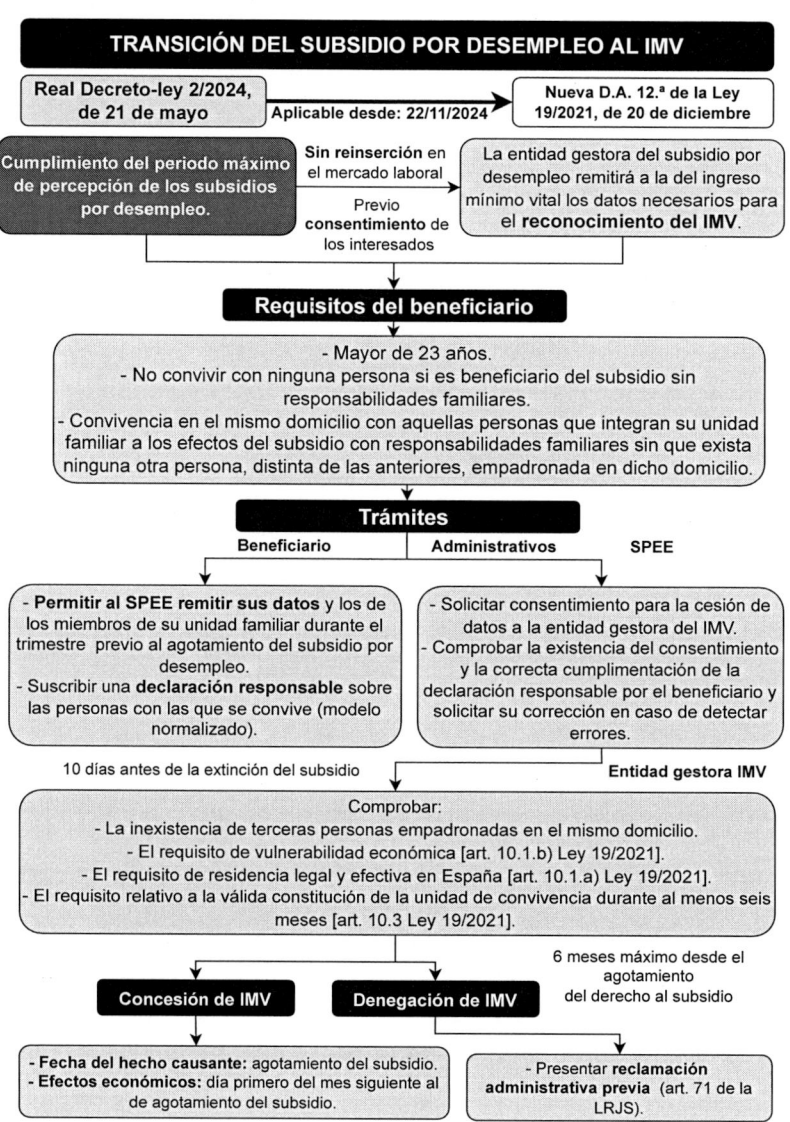

11.
INFRACCIONES Y SANCIONES ASOCIADAS

Los capítulos VII y VIII de la Ley 19/2021, de 20 de diciembre, establecen, respectivamente, el régimen de obligaciones y el de infracciones y sanciones, fijando la responsabilidad sobre las personas titulares y beneficiarias del derecho que hayan cometido la infracción, así como de aquellas otras que hubiesen cooperado en su comisión, serán responsables de las infracciones tipificadas.

El ingreso mínimo vital, es compatible con los rendimientos del trabajo y se encuentra acompañado de un mecanismo incentivador al empleo, así como de las obligaciones de los beneficiarios de participar en las estrategias de inclusión que promueve el Ministerio de Inclusión, Seguridad Social y Migraciones, y de figurar como demandantes de empleo en caso de no trabajar. Teniendo en cuenta esto, la Ley 19/2021, de 20 de diciembre, establece que tanto las personas titulares y beneficiarias del derecho que hayan cometido la infracción, como aquellas otras que hubiesen cooperado en su comisión, serán responsables de las infracciones tipificadas en la ley.

Asimismo, y con idéntica finalidad, se establecen **sanciones accesorias** como la extinción del derecho o la imposibilidad de resultar beneficiario a futuro, sin perjuicio del necesario reintegro de las cantidades indebidamente percibidas, para los casos de falseamiento, ocultación fraudulenta de cambios en la situación o cualquier otra actuación fraudulenta que den lugar al acceso indebido a la prestación, a su mantenimiento o a un aumento indebido de su importe.

A efectos de la competencia y el procedimiento para la imposición de las sanciones entorno al IMV, será de aplicación lo establecido para la imposición de sanciones a los solicitantes o beneficiarios de prestaciones del Sistema de Seguridad Social en el Reglamento general sobre procedimientos para la imposición de sanciones por infracciones de orden social y para los expedientes liquidatorios de cuotas de la Seguridad Social, aprobado por Real Decreto 928/1998, de 14 de mayo.

Lo no previsto en la Ley 19/2021, será de aplicación lo dispuesto en el texto refundido de la Ley sobre Infracciones y Sanciones en el Orden Social, aprobado por Real Decreto Legislativo 5/2000, de 4 de agosto.

Infracciones

Las infracciones son consideradas, según su naturaleza, como **leves**, **graves** y **muy graves**:

|| Infracciones leves

No proporcionar la documentación e información precisa en orden a la acreditación de los requisitos y la conservación de la prestación, así como para garantizar la recepción de notificaciones y comunicaciones, cuando de ello no se haya derivado la percepción o conservación indebida de la prestación.

|| Infracciones graves

– No proporcionar la documentación e información precisa en orden a la acreditación de los requisitos y la conservación de la prestación, así como para garantizar la recepción de notificaciones y comunicaciones, cuando de ello se hubiera derivado una percepción indebida, en cuantía mensual, inferior o igual al 50 por ciento de la que le correspondería.

– No comunicar cualquier cambio o situación que pudiera dar lugar a la modificación, suspensión o extinción de la prestación, en el plazo de treinta días desde que estos se produzcan, cuando de ello se hubiera derivado una percepción indebida, en cuantía mensual, inferior o igual al 50 por ciento de la que le correspondería.

– La comisión de una tercera infracción leve, siempre que en un plazo de un año anterior hubiera sido sancionado por dos faltas leves del mismo tipo.

– El incumplimiento de la obligación de participar en las estrategias de inclusión que promueva el Ministerio de Inclusión, Seguridad Social y Migraciones, en los términos que se establezcan.

– El incumplimiento de las condiciones asociadas a la compatibilidad de la prestación del ingreso mínimo vital con las rentas del trabajo o la actividad económica (art. 11.4 de la Ley 19/2021, de 20 de diciembre).

|| Infracciones muy graves

– No proporcionar la documentación e información precisa en orden a la acreditación de los requisitos y la conservación de la prestación, así como para garantizar la recepción de notificaciones y comunicaciones, cuando de ello se hubiera derivado una percepción indebida, en cuantía mensual, superior al 50 por ciento de la que le correspondería.

– No comunicar cualquier cambio o situación que pudiera dar lugar a la modificación, suspensión o extinción de la prestación, en el plazo de treinta días desde que estos se produzcan, cuando de ello se hubiera derivado una percepción indebida, en cuantía mensual, superior al 50 por ciento de la que le correspondería.

- El desplazamiento al extranjero, por tiempo superior a noventa días al año, sin haber comunicado ni justificado al Instituto Nacional de la Seguridad Social con carácter previo su salida de España.

- Actuar fraudulentamente con el fin de obtener prestaciones indebidas o superiores a las que correspondan o prolongar indebidamente su disfrute, mediante la aportación de datos o documentos falsos.

- La comisión de una tercera infracción grave, siempre que en un plazo de un año anterior hubiera sido sancionado por dos faltas graves del mismo tipo.

- El incumplimiento reiterado de la obligación de participar en las estrategias de inclusión que promueva el Ministerio de Inclusión, Seguridad Social y Migraciones, en los términos que se establezcan.

- El incumplimiento reiterado de las condiciones asociadas a la compatibilidad de la prestación del ingreso mínimo vital con las rentas del trabajo o la actividad económica (art. 11.4 de la Ley 19/2021, de 20 de diciembre).

Sujetos responsables

Serán responsables de las infracciones tipificadas los **beneficiarios de la prestación**, los miembros de la **unidad de convivencia** y aquellas **personas que hubiesen cooperado** en su comisión mediante una actuación activa u omisiva sin la cual la infracción no se hubiera cometido.

La concurrencia de varias personas responsables en la comisión de una infracción determinará que queden solidariamente obligadas frente a la administración al reintegro de las prestaciones indebidamente percibidas.

Sanciones

Sin perjuicio del reintegro de las cantidades indebidamente percibidas, las sanciones por las infracciones tipificadas para el IMV podrán imponerse en los **grados de mínimo**, **medio** y **máximo** en función del grado de culpabilidad, negligencia e intencionalidad de la persona infractora, así como la cuantía económica de la prestación económica indebidamente percibida:

|| Infracciones leves

Las infracciones leves serán sancionadas con el apercibimiento de la persona infractora.

|| Infracciones graves

Las infracciones graves se sancionarán con la pérdida de la prestación por un periodo de hasta tres meses.

Las infracciones graves se sancionarán en su grado mínimo con la pérdida de la prestación por un periodo de un mes, en su grado medio de dos meses y en su grado máximo de tres meses.

Cuando las infracciones diesen lugar a la extinción del derecho, la sanción consistirá en el deber de ingresar tres mensualidades de la prestación.

Infracciones muy graves

Las infracciones muy graves se sancionarán con la pérdida de la prestación por un periodo de hasta seis meses:

- En su grado mínimo con la pérdida de la prestación por un periodo de cuatro meses.
- En su grado medio de cinco meses.
- En su grado máximo de seis meses.

Cuando las infracciones diesen lugar a la extinción del derecho, la sanción consistirá en el deber de ingresar seis mensualidades de la prestación.

Cuando la infracción consista en «El desplazamiento al extranjero, por tiempo superior a noventa días al año, sin haber comunicado ni justificado al Instituto Nacional de la Seguridad Social con carácter previo su salida de España», además de devolver el importe de la prestación indebidamente percibida durante el tiempo de estancia en el extranjero, los beneficiarios no podrán solicitar una nueva prestación durante un periodo de seis meses, a contar desde la fecha de la resolución por la que se imponga la sanción.

Supuesto de imposibilidad de acceder a la prestación durante dos o cinco años

Si dentro de las **infracciones graves o muy graves**, concurriese alguna de las siguientes actuaciones por parte de cualquier persona beneficiaria del ingreso mínimo vital:

- El falseamiento en la declaración de ingresos o patrimonio.
- La ocultación fraudulenta de cambios sustanciales que pudieran dar lugar a la modificación, suspensión o extinción de la prestación.
- Cualquier otra actuación o situación fraudulenta que dé lugar al acceso indebido a la prestación, mantenimiento indebido del derecho a la prestación o aumento indebido de su importe.

Además de la correspondiente sanción y obligación de reintegro de las cantidades indebidamente percibidas, y sin perjuicio de las responsabilidades penales, civiles y administrativas a que hubiere lugar, el Instituto Nacional de la Seguridad Social podrá decretar la extinción del derecho, así como la imposibilidad de que **el sujeto infractor pueda resultar persona beneficiaria por un periodo de dos años.**

Cuando el sujeto infractor haya sido sancionado por **infracción muy grave**, en virtud de resolución firme en vía administrativa, dentro de los cinco años anteriores a la comisión de una infracción muy grave, se extinguirá la prestación y acarreará la imposibilidad de que **el sujeto infractor resulte persona beneficiaria durante cinco años.**

12.
RECLAMACIONES ASOCIADAS AL IMV

Para reclamar el IMV resultará necesario presentar una reclamación previa en 30 días. Si fuese denegada hay 30 días para presentar una demanda judicial.

12.1. ¿Cómo hacer reclamaciones sobre el Ingreso Mínimo Vital?

Ante la denegación del derecho al IMV, la falta de respuesta a la solicitud presentada pasados seis meses, la suspensión, la extinción o la imposición de cualquier tipo de sanción, se deben seguir los siguientes pasos:

Interposición de la reclamación previa

La reclamación previa tiene una doble finalidad: poner en conocimiento del órgano administrativo el contenido y fundamento de la pretensión formulada y dar ocasión de resolver directamente el litigio evitando así la necesidad de acudir a la jurisdicción.

La reclamación previa debe interponerse ante el órgano competente que haya dictado la resolución sobre la solicitud inicial del interesado. Esto debe hacerse en el plazo de **treinta días desde la notificación de la resolución expresa**, o desde la fecha en que, conforme a la normativa reguladora del procedimiento, deba entenderse producido el silencio administrativo, en este caso **seis meses desde la fecha de entrada en su registro de la solicitud**.

La Entidad gestora tiene un **plazo de cuarenta y cinco días para contestar expresamente a la reclamación previa** (art. 71.2 de la LRJS). En caso de no recibir respuesta en este plazo, se entenderá que la **reclamación ha sido denegada por silencio administrativo**.

Para la reclamación previa en el procedimiento ante la seguridad social no se exige ninguna formalidad concreta, siendo suficiente con que de su contenido se deduzca su verdadero carácter. En todo caso el **contenido mínimo** ha de comprender:

a) Identificación del reclamante: nombre y apellidos del interesado y, en su caso, de la persona que lo represente, así como la identificación del medio preferente o del lugar que se señale a efectos de notificaciones.

b) Identificar la pretensión que se deduce: hechos, razones y petición en que se concrete, con toda claridad, la solicitud.

c) Lugar y fecha.

d) Firma del solicitante o acreditación de la autenticidad de su voluntad expresada por cualquier medio.

e) Órgano, centro o unidad administrativa a la que se dirige.

> **A TENER EN CUENTA.** En el proceso no podrán introducir las partes variaciones sustanciales de tiempo, cantidades o conceptos respecto de los que fueran objeto del procedimiento administrativo y de las actuaciones de los interesados o de la Administración, bien en fase de reclamación previa en materia de prestaciones de Seguridad Social o de recurso que agote la vía administrativa, salvo en cuanto a los hechos nuevos o que no hubieran podido conocerse con anterioridad (art. 72 de la LRJS).

La reclamación previa **deberá presentarse ante la entidad gestora**, no obstante, la presentación no es obligatoria y exclusiva de estas entidades. La presentación de la reclamación previa puede hacerse (art. 16.4 de la Ley 39/2015, de 1 de octubre):

a) En el registro electrónico de la Administración u Organismo al que se dirijan.

b) En las oficinas de Correos, en la forma que reglamentariamente se establezca.

c) En las representaciones diplomáticas u oficinas consulares de España en el extranjero.

d) En las oficinas de asistencia en materia de registros.

e) En la ventanilla única (art. 18 y D.A. 2.ª de la Ley 17/2009, de 23 de noviembre).

f) En cualquier otro que establezcan las disposiciones vigentes.

> **A TENER EN CUENTA.** La presentación de la reclamación previa por envío certificado deberá reunir los requisitos exigidos por el art. 31 del Real Decreto 1829/1999, de 3 de diciembre. Por ello se presentarán en sobre abierto, con objeto de que en la cabecera de la primera hoja del documento que se quiera enviar se hagan constar, con claridad, el nombre de la oficina y la fecha, el lugar, la hora y minuto de su admisión.

La reclamación previa en materia de prestaciones de Seguridad Social **interrumpirá los plazos de prescripción y suspenderá los de caducidad**, reanudándose estos últimos al día siguiente al de la notificación de la resolución o del transcurso del plazo en que deba entenderse desestimada.

> **CUESTIÓN**
>
> **¿Cómo presento la reclamación previa sobre el ingreso mínimo vital?**
>
> A modo práctico se recomienda cubrir el formulario de reclamación previa anexo a esta obra indicando el cumplimiento de los requisitos exigidos (residencia legal y efectiva en España, los referidos a la unidad de convivencia, encontrarse en situación de vulnerabilidad económica, de patrimonio o ingresos del año anterior, etc.) y las obligaciones exigidas.
>
> Una vez cubierto el formulario, en la sede electrónica de la seguridad social podremos adjuntarlo junto con la documentación oportuna en la opción «Presentar una reclamación previa contra la resolución de una prestación».

Presentación de la demanda judicial

Si la reclamación previa es denegada expresamente o por silencio administrativo, el interesado tiene un **plazo de treinta días para formular la demanda judicial**. Este plazo se cuenta desde la fecha en que se notifique la denegación de la reclamación previa o desde el día en que se entienda denegada por silencio administrativo (art. 71.6 de la LRJS).

El proceso especial sobre prestaciones de Seguridad Social, regulado en los arts. 140-147 de la LRJS, tiene por objeto la regulación de las demandas formuladas en esta materia contra organismos gestores y entidades colaboradoras de prestaciones de la seguridad social como el INSS.

En el proceso no podrán introducir las partes variaciones sustanciales de tiempo, cantidades o conceptos respecto de los que fueran objeto del procedimiento administrativo y de las actuaciones de los interesados o de la Administración, bien en fase de reclamación previa en materia de prestaciones de Seguridad Social o de recurso que agote la vía administrativa, salvo en cuanto a los hechos nuevos o que no hubieran podido conocerse con anterioridad (art. 72 de la LRJS).

> **A TENER EN CUENTA**. La incorporación hasta el momento del juicio oral de documental tendente a acreditar la justificación de los requisitos necesarios para el reconocimiento del IMV reclamado por parte del beneficiario no supone indefensión para la entidad gestora. (STSJ de Cantabria n.º 694/2023, de 20 de octubre de 2023, ECLI:ES:TSJCANT:2023:911).

> **RESOLUCIÓN RELEVANTE**
>
> **STSJ de Aragón, rec. 136/2023, de 25 de abril del 2023, ECLI:ES:TSJAR:2023:646**
>
> No se había solicitado en la demanda el ingreso mínimo vital para la unidad de convivencia que finalmente se consideró en la sentencia: «(...) el número de miembros de la unidad familiar incide en la situación de vulnerabilidad económica, y

en el presente supuesto como se recuerda, ni en vía administrativa, ni en la demanda, ni en el acto del juicio, se solicita por la demandante el reconocimiento para una
unidad familiar de dos miembros, por lo que no fue objeto del procedimiento dicha
pretensión, que queda limitada, por tanto, a la inicial, teniendo en cuenta una unidad familiar de 3 miembros, que fue desestimada al no poder ser computada dicha
unidad de convivencia por no tener uno de los hijos el requisito de residencia legal
y continuada en España requisito éste que consideró la sentencia que no se reunía,
por lo que procede la estimación del recurso y la desestimación de la demanda».

Recursos

En materia de Seguridad Social y conforme determina el art. 230 de la
LRJS se aplicarán las siguientes reglas:

- Cuando en la sentencia se reconozca al beneficiario el derecho a percibir prestaciones, para que pueda recurrir el condenado al pago de
dicha prestación será necesario que haya ingresado en la Tesorería
General de la Seguridad Social el capital coste de la pensión o el importe de la prestación a la que haya sido condenado en el fallo, con
objeto de abonar a los beneficiarios durante la sustanciación del recurso, presentando el oportuno resguardo. El mismo ingreso de deberá efectuar el declarado responsable del recargo por falta de medidas
de seguridad, en cuanto al porcentaje que haya sido reconocido por
primera vez en vía judicial y respecto de las pensiones causadas hasta
ese momento, previa fijación por la Tesorería General de la Seguridad
social del capital coste o importe del recargo correspondiente.

- Si en la sentencia se condenara a la Entidad Gestora de la Seguridad Social, ésta quedará exenta del ingreso si bien deberá presentar certificación
acreditativa del pago de la prestación conforme determina el precepto.

- Cuando la condena se refiera a mejoras voluntarias de la acción protectora de la Seguridad Social, el condenado o declarado responsable
vendrá obligado a efectuar la consignación o aseguramiento de la
condena en la forma establecida en el artículo 230.1.

Conforme determina el art. 230.3 de la LRJS los anteriores requisitos de
consignación y aseguramiento de la condena deben justificarse, junto con la
constituir el depósito necesario para recurrir en su caso, en el momento de
la preparación del recurso de casación o hasta la expiración de dicho plazo,
aportando el oportuno justificante. Todo ello bajo apercibimiento que, de no
verificarlo, podrá tenerse por no preparado dicho recurso de casación.

12.2. Principales motivos de denegación, extinción o sanción del IMV

El Instituto Nacional de la Seguridad Social podrá revisar de oficio, en perjuicio de los beneficiarios, los actos relativos a la prestación de ingreso míni-

mo vital, siempre que dicha revisión se efectúe dentro del plazo máximo de cuatro años desde que se dictó la resolución administrativa que no hubiere sido impugnada.

Esta posibilidad de revisión de oficio implica que el INSS comprobará el cumplimiento de los requisitos y obligaciones de la persona titular y demás personas que integren la unidad de convivencia y podrá extinguir o solicitar la devolución de la prestación indebidamente percibida. Para ello verificará, entre otros, que quedan acreditados los requisitos relativos a la identidad del solicitante y de todas las personas que integran la unidad de convivencia, a la residencia legal y efectiva en España de este y de los miembros de la unidad de convivencia en la que se integrara, residencia efectiva de los miembros de la unidad de convivencia en el domicilio, la composición de la unidad de convivencia, relación de parentesco y pareja de hecho, rentas e ingresos, patrimonio, y el resto de condiciones necesarias para determinar el acceso al derecho a la prestación así como su cuantía. Del mismo modo, mediante controles periódicos realizará las comprobaciones necesarias del cumplimiento de los requisitos y obligaciones que permiten el mantenimiento del derecho o de su cuantía (art. 29 de la LIMV).

> **CUESTIONES**
>
> **1. ¿Es posible una denegación del IMV por parte de la entidad gestora sin justificación?**
>
> No, no es posible una denegación del IMV por parte del ente gestor sin justificación. El INSS debe proporcionar una explicación detallada y fundamentada de los motivos que llevan a la denegación, incluyendo los cálculos y criterios aplicados para determinar que el solicitante no cumple con los requisitos establecidos para la concesión de la prestación.
>
> **2. ¿En qué momento deben cumplirse los requisitos para lucrar el IMV?**
>
> Los requisitos deben cumplirse en el momento de presentación de la solicitud o al tiempo de solicitar su revisión (art. 10 de la LIMV y STSJ de Madrid, rec. 176/2022, de 26 de septiembre 2022, ECLI:ES:TSJM:2022:11440).

A modo de resumen, repasamos los **requisitos más controvertidos** de la prestación, indicando algunas claves que pudieran ser de interés para el beneficiario en caso de reclamación:

Requisitos asociados a la unidad de convivencia

Cuando las personas beneficiarias formen parte de una unidad de convivencia, se exigirá que la misma esté constituida, en los términos de los artículos 6, 7 y 8, durante **al menos los seis meses anteriores a la presentación de la solicitud**, de forma continuada. En ningún caso, una misma persona puede formar parte de dos o más unidades de convivencia.

Sobre estos requisitos debemos realizar algunas aclaraciones:

– **El periodo de seis meses para la consideración de UC no será exigible en ciertos casos como**: en el caso de fallecimiento de algunas de las personas que constituyen la UC, nacimiento, adopción, guarda con fines de adopción o acogimiento familiar permanente de menores, reagrupación familiar de hijas e hijos menores de edad, en los supuestos de mujeres víctimas de violencia de género o víctimas de trata de seres humanos y explotación sexual, o en otros supuestos justificados que puedan determinarse reglamentariamente.

- **Es posible el acceso al IMV a pesar de compartir domicilio, pero sin existir UC.** Del mismo modo, cuando convivan en el mismo domicilio personas entre las que no concurran los vínculos de parentesco (art. 6 de la LIMV), podrán ser titulares del ingreso mínimo vital aquella o aquellas que se encuentren en riesgo de exclusión de conformidad con lo previsto en el artículo 21.10 de la LIMV. En estos casos el prestacionista, careciendo de ingresos, debe solicitar ser considerado como beneficiario individual a los efectos de los arts. 3, 8, 9, 11, 13 y 20 de la LIMV (STSJ de la C. Valenciana n.º 3190/2023, de 21 de noviembre del 2023, ECLI:ES:TSJCV:2023:6333).

- **Eficacia del padrón municipal para demostrar la existencia de la unidad de convivencia.** El empadronamiento produce una presunción de que el domicilio de la persona es el que resulta del mismo, siendo los certificados de empadronamiento documentos públicos que acreditan dicha inscripción, si bien se trata de una presunción *iuris tantum*, esto es, de un medio privilegiado de prueba, que no obstante admite prueba en contrario que permita desvirtuarla, acreditando que el domicilio habitual de la persona física es distinto a aquél que resulta del padrón, pero si no se acredita otra cosa mediante la correspondiente prueba la presunción derivada del padrón municipal surte sus efectos legales, debiendo considerarse probada la residencia (STSJ de Madrid, rec. 640/2023, de 13 de diciembre de 2023, ECLI:ES:TSJM:2023:13905).

- **Modificación de la unidad de convivencia del ingreso mínimo vital.** Si se produce una salida en alguno de sus miembros, esta circunstancia debe tenerse en cuenta a efectos de la modificación de la prestación, siendo de aplicación lo dispuesto en el artículo 16 de la LIMV, y siempre y cuando, se mantengan los demás requisitos establecidos en el artículo 10 de esta misma norma (Criterio de gestión INSS n.º 5/2022, de 24 de enero de 2022).

- **Situación de custodia compartida con alternancia en la convivencia.** Se prevé expresamente en la LIMV, que opta decididamente con una disposición clara no susceptible ni necesitada de interpretación, por entender que el menor solo puede adscribirse a una unidad de convivencia, en concreto aquella en la que se encuentre domiciliado. Así se deriva del art. 13.4 de la LIMV cuando a efectos de determinar la cuantía del ingreso, dispone: «Cuando los mismos hijos o menores o mayores que tengan establecidas judicialmente medidas de apoyo para la toma de decisiones formen parte de distintas unidades familiares en supuestos de custodia compartida establecida judicialmente, se considerará, a efectos de la determinación de la cuantía de la prestación, que forman parte de la unidad donde se encuentren domiciliados».

Como ha desarrollado la STSJ de Castilla la Mancha, rec. 391/2022, de 14 de abril de 2023, ECLI:ES:TSJCLM:2023:999, esta previsión no puede soslayarse inscribiendo al menor sucesivamente en las dos unidades de convivencia, lo que significa «(...) que un mismo menor haría posible considerar dos situaciones de vulnerabilidad, falseando con ello el diseño normativo de definición de la vulnerabilidad y su atención. Por lo demás, tal alternancia llevaría aparejada como consecuencia práctica que no se podría causar el derecho por incremento de la pensión en ninguna de las dos unidades de convivencia, ya que en ninguna de ellas se llegaría nunca a cumplir el requisito de la convivencia previa de un año».

RESOLUCIONES RELEVANTES

STSJ de Madrid, rec. 543/2022, de 2 de marzo del 2023, ES:TSJM:2023:2306

Unidad de convivencia y pareja de hecho. El Tribunal considera que la falta de inscripción como pareja de hecho o matrimonio civil no es un impedimento para el reconocimiento del IMV, citando jurisprudencias previas que sugieren que una convivencia prolongada y estable puede acreditarse a través de otros medios probatorios (certificados de empadronamiento, contratos de arrendamiento, etc.). Se refirió específicamente a la necesidad de dejar claro que la unidad de convivencia está formada por los miembros de la pareja con base en su relación afectiva y situación económica compartida. La sentencia anterior había adjudicado la prestación al considerar que existía una relación de hecho equiparable al matrimonio, aunque no formalizada según los procedimientos específicos.

STSJ Galicia, Rec. 310/2022 de 04 de mayo del 2023, ECLI:ES:TSJGAL:2023:2754

Unidad de convivencia y otros miembros de la familia con los que se convive esporádicamente. No cabe incluir a la nieta en la unidad de convivencia al tener su guarda y custodia la madre.

STSJ de Illes Balears, rec. 184/2023, de 8 de septiembre del 2023, ECLI:ES:TSJBAL:2023:1164

Víctima de violencia de género en vivienda de acogida y requisito de convivencia. El Tribunal concluyó que, a pesar de que la menor no estaba empadronada en el mismo domicilio que la madre, esto no rompía la unidad de convivencia, ya que existía una separación transitoria por motivo de la violencia de género.

STSJ de Madrid, rec. 250/2023 de 5 de julio del 2023, ECLI:ES:TSJM:2023:9038

Modificación de la composición de la unidad de convivencia. El demandante había sido reconocido como beneficiario del ingreso mínimo vital el 9 de junio de 2021. Sin embargo, tras comunicar al INSS la salida de uno de los miembros de la unidad de convivencia y la llegada de una menor que carecía de ingresos, se produjo la resolución del procedimiento de reintegro por parte del INSS, exigiendo el reintegro de 3.089,81 euros.

El Tribunal concluye que se había producido un cambio en las circunstancias que determinaron la prestación, ya que la nueva composición de la unidad de convivencia no cumplía con los requisitos establecidos para el ingreso mínimo vital, que incluye la exigencia de que la unidad de convivencia esté constituida de forma continuada durante al menos seis meses antes de la presentación de la solicitud.

STSJ de Madrid, rec. 464/2023, de 30 de noviembre del 2023, ECLI:ES:TSJM:2023:13497

Unidad de convivencia y divorcio. Para el TSJ, el art. 21 de la LIMV no exige la presentación de la resolución judicial de divorcio para acreditar la existencia del mismo.

STSJ de Canarias, rec. 485/2022, de 13 de abril del 2023, ECLI: ES:TSJICAN:2023:1288

Exclusión de la UC de un hermano que figura empadronado en el domicilio, pero no convive realmente. Si el hermano del beneficiario está empadronado, pero no convive efectivamente con él, el derecho al ingreso mínimo vital (IMV) puede existir, siempre que se cumplan los requisitos de renta y patrimonio establecidos siguiendo el criterio de la unidad de convivencia. En este caso, dado que el hermano tiene una orden de alejamiento y no convive, la unidad de convivencia consideraría únicamente al beneficiario y a su hermano que sí convive, lo que podría permitir el acceso al IMV.

STSJ de Castilla la Mancha, rec. 860/2023, de 25 de septiembre del 2024, ECLI:ES:TSJCLM:2024:2290

Unidad de convivencia en caso de disolución de pareja de hecho con hijos cuya custodia es de la madre, aunque el padre los atiende entre semana. Para el TSJ, existe derecho a la prestación de IMV en el caso de disolución de pareja de hecho y custodia compartida de los hijos, siempre que se cumplan los requisitos de vulnerabilidad económica establecidos por la normativa aplicable. La situación de atención a los hijos de lunes a viernes no impide el reconocimiento de dicha prestación, pues se puede considerar al demandante de manera individual en función de sus ingresos y situación económica.

Requisitos asociados a la residencia legal y efectiva, continuada e ininterrumpida

El concepto de «residencia» viene regulado en la Ley Orgánica 4/2000 (art. 30 bis) y RD 557/2011 (título IV) y, con efectos de 20 de mayo de 2025, el Real Decreto 1155/2024, de 19 de noviembre.

Es necesario tener residencia legal y efectiva en España y haberla tenido de forma continuada e ininterrumpida durante al menos el año inmediatamente anterior a la fecha de presentación de la solicitud.

El art. 10.1 de la Ley 19/2021, exige la residencia para la solicitante y convivientes en la unidad a ponderar; pero, respecto de los menores incorporados a la unidad de convivencia por nacimiento o reagrupación familiar de hijos e hijas, y mujeres víctimas de violencia de género y sus hijos, no se exige el plazo de un año de residencia. Estableciendo, literalmente:

«1. Todas las personas beneficiarias, estén o no integradas en una unidad de convivencia, deberán cumplir los siguientes requisitos:

a) Tener residencia legal y efectiva en España y haberla tenido de forma continuada e ininterrumpida durante al menos el año inmediatamente anterior a la fecha de presentación de la solicitud. No se exigirá este plazo respecto de:

1.º Los menores incorporados a la unidad de convivencia por nacimiento, adopción, reagrupación familiar de hijos e hijas, guarda con fines de adopción o acogimiento familiar permanente.

2.º Las personas víctimas de trata de seres humanos y de explotación sexual.

3.º Las mujeres víctimas de violencia de género.

A efectos del mantenimiento del derecho a esta prestación, se entenderá que una persona tiene su residencia habitual en España aun cuando haya tenido estancias en el extranjero, siempre que estas no superen los noventa días naturales a lo largo de cada año natural o cuando la ausencia del territorio español esté motivada por causas de enfermedad debidamente justificadas.

b) Encontrarse en situación de vulnerabilidad económica por carecer de rentas, ingresos o patrimonio suficientes, en los términos establecidos en el artículo 11».

En relación con lo anterior, indica el art. 21.1 de la LIMV lo siguiente:

- La identidad tanto de las personas solicitantes como de las que forman la unidad de convivencia se acreditara mediante el documento nacional de identidad en el caso de los españoles y mediante el documento nacional de identidad de su país de origen o procedencia, o de la tarjeta de identificación de extranjero, o el pasaporte, en el caso de ciudadanos extranjeros.

- Asimismo, se debe aportar el número personal de identificación (NIE) si no constara en los documentos presentados para acreditar la identidad o la residencia legal en España.

- Indica el artículo 21.2 que «La residencia legal en España se acreditará mediante la inscripción en el registro central de extranjeros, en el caso de nacionales de los Estados miembros de la Unión Europea, Espacio (...)».

- Señala el artículo 10.l.a que todas las personas beneficiarias, estén o no integradas en una unidad de convivencia, deberá «Tener residencia legal y efectiva en España y haberla tenido de forma continuada e ininterrumpida durante al menos el año inmediatamente anterior a la fecha de presentación de la solicitud».

RESOLUCIÓN RELEVANTE

STSJ de Cantabria, rec. 520/2023, de 20 de octubre del 2023, ECLI:ES:TSJCANT:2023:911

En el caso específico de la solicitante, se reconoció su residencia legal en España desde 2016 y, debido a su condición de víctima de violencia de género, no se le exigió el periodo habitual de un año de residencia para sus hijos, quienes son considerados convivientes y dependientes.

Requisitos asociados a encontrarse en situación de vulnerabilidad económica: ingresos y patrimonio

La mayoría de las denegaciones se producen porque el solicitante del IMV no cumple con el requisito de vulnerabilidad.

Los requisitos de ingresos y patrimonio establecidos en la LIMV para el acceso y mantenimiento de la prestación económica de ingreso mínimo vital, se realizará por la entidad gestora conforme a la información que se recabe por medios telemáticos de la Agencia Estatal de Administración Tributaria y en las Haciendas Tributarias Forales de Navarra y de los territorios históricos del País Vasco. A tales efectos, se tomará como referencia la información que conste en esas Haciendas Públicas respecto del ejercicio anterior a aquel en el que se realiza esa actividad de reconocimiento o control, o en su defecto, la información que conste más actualizada en dichas administraciones públicas.

> **A TENER EN CUENTA**. En su solicitud, cada interesado autorizará expresamente a la administración que tramita su solicitud para que recabe sus datos tributarios de la Agencia Estatal de Administración Tributaria, de los órganos competentes de las comunidades autónomas, de la Hacienda Foral de Navarra o diputaciones forales del País Vasco y de la Dirección General del Catastro Inmobiliario, conforme al artículo 95.1.k) de la LGT o, en su caso, en la normativa foral aplicable.

Según el art. 11 de la LIMV, se tomará en consideración la capacidad económica de la persona solicitante beneficiaria individual o, en su caso, de la unidad de convivencia en su conjunto, computándose los recursos de todos sus miembros.

La renta garantizada para un hogar unipersonal es el equivalente al 100 por ciento del importe anual de las pensiones no contributivas de la Seguridad Social vigente en cada momento, dividido por 12. El importe de la renta garantizada se incrementa en función de la composición de la unidad de convivencia mediante la aplicación de unas escalas de incrementos.

Esto nos obliga a, siguiendo los arts. 10, 11, 13 y 20 comprobar que el patrimonio individual y de la UC no supere los umbrales determinados teniendo presente el complemento por discapacidad, monoparentalidad o la concurrencia de ambos (STSJ de Madrid, rec. 316/2023, de 21 de diciembre de 2023, ECLI:ES:TSJM:2023:14638).

En este aspecto el principal objeto de reclamación suele ceñirse a los conceptos de renta y de patrimonio que se tienen en cuenta por el ente gestor para el cómputo de los ingresos y de la situación patrimonial, a partir de los cuales se determinará el derecho a la prestación del ingreso mínimo vital.

‖ Ingresos computables

Para el cómputo de ingresos se tendrán en cuenta los obtenidos por los beneficiarios durante el ejercicio anterior a la solicitud. El cómputo de los ingresos del ejercicio anterior se llevará a cabo atendiendo a las reglas del art. 20 de la LIMV.

De conformidad con el art. 20.1.a) de la LIMV, con carácter general las rentas se computarán por su valor íntegro, excepto las procedentes de actividades económicas, de arrendamientos de inmuebles o de regímenes especiales, que se computarán por su rendimiento neto. Por tanto, los ingresos se computan en su valor bruto, excepto en el caso de actividades económicas realizadas por cuenta propia, donde se considera el valor neto (STSJ de Galicia, rec. 813/2023, de 20 de junio de 2024, ECLI:ES:TSJGAL:2024:4695).

RESOLUCIÓN RELEVANTE

STSJ de la C. Valenciana, rec. 3244/2023, de 11 de septiembre del 2024, ECLI:ES:TSJCV:2024:4743

No hay derecho a percibir el ingreso mínimo vital si los ingresos se sitúan por debajo del límite garantizado en un margen inferior a 10 euros. En el caso analizado, los ingresos de su unidad de convivencia, que ascendieron a 13.560,13 €, eran inferiores en 100 euros al límite garantizado para esa anualidad, que era de 13.646,76 €. En consecuencia, la sentencia concluyó que no procedía reconocer a la actora el ingreso mínimo vital. Por lo tanto, aunque sus ingresos sean inferiores al umbral garantizado, la normativa establece que, para tener derecho a la prestación, es necesario que la diferencia sea de al menos 10 euros. En este caso, la diferencia fue de 7,22 euros, por lo tanto, la solicitud fue desestimada.

STSJ de Asturias, rec. 827/2023, de 25 de julio del 2023, ECLI:ES:TSJAS:2023:1883

La previsión de restar el importe del impuesto sobre la renta devengada y las cotizaciones sociales solo se prevé para los casos de unidad de convivencia, no los de beneficiario individual. «A la unidad de convivencia se refiere específicamente el apartado 3 del art. 20 en sus dos párrafos, a tenor de la redacción y estructura. La diferencia de régimen en este punto se aprecia más claramente en la Ley 19/2021 que en el Real Decreto-Ley 20/2020, con la depuración del texto del art. 20.1 de aquella respecto del recogido en el art. 18.1 del Real Decreto-Ley, concretamente el cambio de redacción del punto 2º de las percepciones económicas exceptuadas del cómputo de rentas [en el Real Decreto-Ley: "Las prestaciones y ayudas económicas públicas finalistas que hayan sido concedidas para cubrir una necesidad específica de cualquiera de las personas integrantes de la unidad de convivencia, tales como becas o ayudas para el estudio, ayudas por vivienda, ayudas de emergencia, y otras similares"; en la Ley: "Ayudas para el estudio y las ayudas de vivienda, tanto por alquiler como para adquisición")».

STSJ de Baleares, rec. 571/2023, de 18 de marzo del 2024, ECLI:ES:TSJBAL:2024:319

Saldos bancarios, valores cotizados y participaciones instituciones de inversión colectiva. Estos datos son obtenidos por el INSS de las bases de datos de la AEAT, salvo que se desvirtúe por parte del beneficiario su propiedad, «(...) La mera invocación de la información de certificaciones de entidades financieras no permite desvirtuar la presunción de veracidad de la información de la AEAT».

‖ Ingresos no computables

No computarán como ingresos los establecidos en el art. 20.1.f) de la LIMV.

Uno de los supuestos con mayor incidencia es la **pensión de alimentos en favor de los hijos**. La pensión alimentaria computa para determinar los umbrales de renta del IMV, dado que se considera un ingreso para la valoración de la situación económica de la unidad de convivencia. La legislación vigente estipula que, mientras la pensión se perciba efectivamente, deberá considerarse a efectos de cálculo de rentas del IMV.

Solo se considera renta exenta la pensión de alimentos cuando no se produzca el pago de la misma y se acredite el impago por la persona obligada [art. 20.1.f) de la LIMV].

RESOLUCIONES RELEVANTES

STSJ de Madrid, rec. 243/2023, de 11 de diciembre del 2023, ECLI:ES:TSJM:2023:14019

Impago de la pensión de alimentos y su acreditación. Se citan varias disposiciones, incluyendo el artículo 20.1 f) de la Ley 19/2021, que excluye la pensión alimentaria de los ingresos, siempre que no haya sido efectivamente abonada. En este caso, la actora no acreditó que efectivamente no percibiera la pensión alimentaria, lo que se traduce en que debían computarse sus ingresos conforme a los datos fiscales.

STSJ de Cantabria, rec. 520/2023 de 20 de octubre del 2023, ECLI:ES:TSJCANT:2023:911

No se requiere un año de residencia para las mujeres víctimas de violencia de género y sus hijos. Para el TSJ, la falta de documentación necesaria para acreditar la identidad de los miembros de su unidad de convivencia y la residencia legal y efectiva de estos en España. La demandante, al ser víctima de violencia de género, no está obligada a acreditar un año de residencia para acceder al IMV, como señala el artículo 10 de la LIMV.

|| Ingresos procedentes del empleo

El IMV es compatible con el empleo.

El art. 11.4 de la LIMV configura un régimen de compatibilidad del ingreso mínimo vital con los incrementos de ingresos procedentes de rentas de trabajo o de la actividad económica por cuenta propia de la persona beneficiaria individual o, en su caso, de uno o varios miembros de la unidad de convivencia con el fin de que su percepción no desincentive la participación en el mercado laboral.

El desarrollo reglamentario se este aspecto se ha realizado mediante el Real Decreto 789/2022, de 27 de septiembre, de forma que la compatibilidad consistirá en la aplicación de un importe exento del cómputo de los ingresos y rentas que se hayan de tomar en consideración para la determinación de la situación de vulnerabilidad económica de la persona beneficiaria individual o, en su caso, de la unidad de convivencia. Dicho importe vendrá determinado por la aplicación de los porcentajes establecidos en el anexo III del Real Decreto 789/2022 sobre el incremento de las rentas del trabajo o de la actividad económica por cuenta propia que se hayan obtenido en los dos ejercicios fiscales previos a la revisión del derecho en los términos previstos en este real decreto.

De esta forma, cuando los ingresos del trabajo superen el 60 % de la renta garantizada, el incentivo se ajustará en función de varios parámetros, como la presencia de menores en el hogar, la composición del hogar y la relación previa con el mercado de trabajo. Este incentivo se mantendrá, aunque de forma más atenuada, incluso para los aumentos salariales que superen el umbral de la renta garantizada.

RESOLUCIONES RELEVANTES

STSJ de Asturias, rec. 827/2023, de 25 de julio del 2023, ECLI:ES:TSJAS:2023:1883

Lo establecido en el Real Decreto 789/2022, de 27 de septiembre se aplica a las revisiones de la prestación de IMV una vez reconocida. Este RD entró en vigor el 1 de enero de 2023 y regula una situación distinta a la concesión inicial del IMV.

‖ Limitación del patrimonio

No se apreciará que concurre este requisito cuando la persona beneficiaria individual sea titular de un patrimonio neto valorado, de acuerdo con los criterios que se contemplan en el art. 20 del IMV, en un importe igual o superior a tres veces la cuantía correspondiente de renta garantizada por el ingreso mínimo vital para una persona beneficiaria individual. En el caso de las unidades de convivencia, se entenderá que no concurre este requisito cuando sean titulares de un patrimonio neto valorado en un importe igual o superior a la cuantía resultante de aplicar la escala de incrementos que figura en el anexo II de la LIMV.

Sobre estos requisitos podemos concretar los siguientes aspectos:

- Es **responsabilidad del prestacionista acreditar que cumple con los requisitos** establecidos para acceder al IMV.

- El INSS tiene la **obligación de justificar y detallar los cálculos** realizados para determinar la denegación de la prestación. Esto incluye la cuantificación de los ingresos y la comparación con los límites establecidos para la concesión del IMV, así como cualquier otra consideración relevante que haya influido en la decisión (STSJ de Cataluña, rec. 7387/2022, de 6 de octubre de 2023, ECLI:ES: TSJCAT:2023:9548).

- La valoración de los ingresos para la solicitud del IMV se realiza tomando en cuenta los ingresos del ejercicio anterior, incluso si la solicitud se formula en los últimos días del ejercicio en curso. Esto se establece claramente en el art. 20 de la LIMV. Según esta normativa, para el cómputo de ingresos se tendrán en cuenta los obtenidos por los beneficiarios durante el ejercicio anterior a la solicitud (STSJ Castilla y León, rec. 990/2023, a 22 de julio de 2024, ECLI:ES: TSJCL:2024:3284).

RESOLUCIONES RELEVANTES

STSJ de Cataluña, rec. 6985/2022, de 16 de mayo del 2023, ECLI:ES:TSJCAT:2023:5102

El cómputo de los valores inmobiliarios para el cumplimiento de los requisitos del IMV debe realizarse conforme a su valor catastral. El TSJ, partiendo del derogado art. 18.7.b del Real Decreto-ley 20/2020 vigente en el momento de autos, establece que los activos inmobiliarios deberán ser valorados de acuerdo con el valor de referencia de mercado o, en ausencia de este, por el valor catastral del inmueble. Por lo tanto, el valor catastral constituye la base para determinar el patrimonio a efectos de acceder a esta prestación.

STSJ de Madrid, rec. 3/2023, de 28 de junio del 2023, ECLI:ES:TSJM:2023:9159

Hogares monoparentales. «El ingreso mínimo vital protege especialmente a los hogares monoparentales, estableciendo un complemento de monoparentalidad del 22 por ciento de la cuantía mensual de la pensión no contributiva unipersonal. Asimismo, protege de manera más intensa a la infancia, al establecer escalas de equivalencia para los menores superiores a las utilizadas habitualmente en este tipo de prestaciones».

STSJ de Asturias, rec. 1200/2023 de 31 de octubre del 2023, ECLI:ES:TSJAS:2023:2534

Patrimonio que supera el límite establecido para la unidad de convivencia. Se determina que el patrimonio de la unidad de convivencia de la beneficiaria y su hijo menor alcanzaba 25.968,09 euros en el año 2020, superando el límite de 23.684,64 euros. El tribunal destacó que el derecho al ingreso mínimo vital debe mantenerse mientras se cumplan los requisitos legales, y que la recurrente no demostró fehacientemente que su situación cumplía con las condiciones para acceder a la prestación.

STSJ de Madrid, rec. 1309/2022, de 3 de febrero del 2023, ECLI:ES:TSJM:2023:1226

IMV y percepción de la renta activa de inserción. La sentencia aborda si la RAI debe considerarse como ingreso computable al determinar el IMV. Se destaca que, según el derogado Real Decreto-Ley 20/2020 (vigente en el momento de autos), no se computan como ingresos los salarios sociales y las rentas mínimas de inserción concedidas por comunidades autónomas; sin embargo, no se menciona explícitamente la RAI, la cual es concedida por el SPEE. Por tanto, el tribunal interpretó que la RAI debe incluirse en la consideración de ingresos al calcular el IMV.

STSJ Castilla La Mancha, rec. 1038/2022, de 29 de junio del 2023, ECLI:ES:TSJCLM:2023:1681

Unidad de convivencia y límite de ingresos. Esta sentencia refuerza la idea de que la carga de la prueba recae sobre el solicitante de la prestación. El tribunal subraya que es responsabilidad del prestacionista acreditar que cumple con los requisitos establecidos para acceder al IMV. Para el TSJ, a pesar de que existan ingresos que no están sujetos a tributación, como pensiones de alimentos, son computables en la evaluación para el IMV.

«(...) se denuncia infracción del artículo 7 k) de la Ley del IRPF, en la consideración de que no pueden computarse a efectos de determinar los ingresos percibidos por la actora de cara a la percepción del ingreso mínimo vital los 15.000 euros que percibió en el ejercicio anterior al de la solicitud en concepto de prestación de alimentos de sus hijas con las que conforma una unidad de convivencia.

2.- El motivo debe fracasar, pues una cosa es una determinada renta esté exenta de tributación conforme a la Ley del IRPF, y otra bien distinta es que la misma pueda ser computada a efectos de la percepción del ingreso mínimo vital, (...)».

Exclusión de los administradores/as de sociedades activas

El artículo 11 de la LIMV define la situación de vulnerabilidad económica, señala, en su apartado 3.º, que no se apreciará la concurrencia de ese requisito cuando la persona beneficiaria individual sea titular de un patrimonio valorado en un importe igual o superior a tres veces la cuantía correspondiente de renta garantizada por el ingreso mínimo vital para una persona beneficiaria individual, quedando excluidos del acceso al ingreso mínimo vital, independientemente de la valoración del patrimonio, las personas beneficiarias individuales o las personas que se integren en una unidad de convivencia en la que cualquiera de sus miembros sea administrador de derecho de una sociedad mercantil que no haya cesado en su actividad.

Quedarán excluidos del acceso al ingreso mínimo vital, independientemente de la valoración del patrimonio neto, las personas beneficiarias individuales o las personas que se integren en una unidad de convivencia en la que cualquiera de sus miembros sea administrador de derecho de una sociedad mercantil que no haya cesado en su actividad. No obstante, el precepto excluye como situación vulnerable la de los/as administradores/as de una sociedad que no haya cesado en su actividad, debiendo diferenciar la situación fáctica y la situación jurídica de la sociedad de la que son o han sido administradores, atendiendo a la naturaleza y finalidad de la norma reguladora del ingreso mínimo vital.

RESOLUCIONES RELEVANTES

STSJ de Madrid, rec. 745/2023, de 17 de noviembre del 2023, ECLI:ES:JSO:2023:5163

Situación como administrador de una sociedad activa. El demandante solicitó el reconocimiento del ingreso mínimo vital. Sin embargo, el INSS denegó su solicitud argumentando que era administrador de una sociedad mercantil activa, según el artículo 10.1.b de la Ley 19/2021.

El tribunal analizó los requisitos de exclusión del ingreso mínimo vital que se aplican a los administradores de sociedades activas y concluyó que, a pesar de haber sido administrador de sociedades, no se demostró que estuviera dado de alta en el régimen correspondiente. Además, se consideró que su incapacidad económica para afrontar la disolución formal de la sociedad podía justificar la situación de vulnerabilidad económica.

«En el presente caso consta acreditada la baja provisional de la sociedad en el registro mercantil, la baja en el censo de entidades, no puede concluirse, que el actor sea administrador de una entidad, que no ha cesado en su actividad, por el contrario consta acreditado que las sociedades de las que es administrador, está dadas de baja y la Agencia Tributaria tiene conocimiento de ello, pero el actor como consecuencia dela situación de vulnerabilidad en la que se encuentra, no puede hacer frente al gasto, que supone las gestiones administrativas para la disolución de la sociedad, por el que la demanda ha de ser estimada, debiendo revocar las resoluciones impugnadas, reconociendo el derecho de la actora al acceso a la prestación en la cuantía que atendiendo a los datos obrantes legalmente corresponda».

Otros motivos de controversia

El art. 21 de la LIMV establece los medios de acreditación de los requisitos establecidos para ser beneficiarios de la prestación. Otros supuestos objeto de posible reclamación son:

- **Inscripción como demandante de empleo.** La LIMV no alude a la inscripción como demandante de empleo como requisito de acceso al IMV, por lo tanto, la falta de esta o de su renovación no constituye un requisito impeditivo del reconocimiento de la prestación. Del mismo modo, y en consonancia con la finalidad de la prestación asistencial, la propia ley, a lo sumo, contiene en su D.A. 11.ª la remisión de la identificación de los beneficiarios de la prestación del ingreso mínimo vital a los Servicios Públicos de Empleo de las Comunidades Autónomas para su inscripción, de oficio, como demandantes de empleo (STSJ de Asturias, rec. 995/2023, de 10 de octubre de 2023, ECLI:ES:TSJAS:2023:2087).

- **Error administrativo en la concesión.** Como hemos reiterado, el INSS tiene derecho a revisar de oficio las prestaciones y exigir devoluciones si se supera el límite de ingresos establecido por ley.

- **Cantidades asociadas a la Ley de dependencia.** Se trata de ayudas finalistas concedida para cuidados dentro del entorno familiar, lo que se ajustaba a la excepción del cómputo de rentas prevista en el apartado 1, letra e), ordinal 2.º del derogado artículo 18 del Real Decreto ley 20/2020 de 29 de mayo, donde se excluía del cómputo de rentas «(...) las prestaciones y ayudas económicas públicas finalistas que hayan sido concedidas para cubrir una necesidad específica de cualquiera de las personas integrantes de la unidad de convivencia, tales como becas o ayudas para el estudio, ayudas por vivienda, ayudas de emergencia, y otras similares. La actual redacción del art. 20 de la LIMV solo menciona «Ayudas para el estudio y las ayudas de vivienda, tanto por alquiler como para adquisición» (STSJ de Castilla y León, rec. 749/2023, de 20 de marzo de 2024, ECLI:ES:TSJCL:2024:1264).

- **El subsidio no contributivo por desempleo.** Se considera renta exenta cuando a la fecha de solicitud de la prestación se hubiera extinguido.

13.
OTRAS PRESTACIONES Y COMPLEMENTOS QUE SE PUEDEN PERCIBIR CON EL INGRESO MÍNIMO VITAL

13.1. Incentivo al empleo para beneficiarios del ingreso mínimo vital

A partir del 1 de enero de 2023, mediante el Real Decreto 789/2022, de 27 de septiembre, se regula un **incentivo al empleo vinculado al ingreso mínimo vital,** a través de la compatibilidad de esta prestación con los ingresos procedentes de rentas del trabajo o de la actividad económica por cuenta propia.

> **A TENER EN CUENTA.** El incentivo se **calculará de oficio,** no será necesario realizar ningún tipo de solicitud, el organismo gestor realizará los cálculos cuando en la revisión anual se detecten mayores ingresos provenientes del trabajo o de una mejora de las condiciones que supusieron el derecho al ingreso mínimo vital.

Objeto

El incentivo tiene por objeto regular la **compatibilidad de la percepción del ingreso mínimo vital con los incrementos de ingresos procedentes de rentas de trabajo o de la actividad económica por cuenta propia** de la persona beneficiaria individual o, en su caso, de uno o varios miembros de la unidad de convivencia con el fin de que su percepción no desincentive la participación en el mercado laboral (arts. 1 del Real Decreto 789/2022, de 27 de septiembre y 11.4 de la Ley 19/2021, de 20 de diciembre).

> **A TENER EN CUENTA.** Desde el 01/01/2023 se establece un importe exento para el cómputo de los ingresos y rentas tomados como referencia para la determinación de la situación de vulnerabilidad económica.

CUESTIONES

1. ¿Cómo se determinará el importe exento del cómputo de los ingresos y rentas para determinar la situación de vulnerabilidad económica?

Por la aplicación de los porcentajes establecidos en el anexo III del Real Decreto 789/2022, de 27 de septiembre, sobre el incremento de las rentas del trabajo o de la actividad económica por cuenta propia que se hayan obtenido en los dos ejercicios fiscales previos a la revisión del IMV.

2. ¿Qué supondrá este incentivo?

Su aplicación determinará que se mantenga el derecho a la percepción del ingreso mínimo vital en la cuantía resultante de aplicar lo previsto en las letras a), b), c) y d) del art. 13.2 de la Ley 19/2021, de 20 de diciembre (sin perjuicio de que a dicha cuantía se sume el complemento de ayuda a la infancia si se tratara de unidades de convivencia que incluyan menores de edad entre sus miembros).

Personas beneficiarias

Personas beneficiarias individuales del ingreso mínimo vital o personas **integrantes de la unidad de convivencia** que incrementen sus ingresos procedentes del trabajo o los rendimientos netos de la actividad económica por cuenta propia respecto del año que se tuvo en cuenta para el cómputo de sus ingresos.

Dado que se trata de incentivar el empleo de los perceptores del IMV, para el acceso a este incentivo, las personas deberán haber sido beneficiarias del ingreso mínimo vital en el año anterior a la aplicación de la revisión y el 1 de enero del ejercicio en el que se vaya a realizar la revisión se mantenga el derecho a la percepción del ingreso mínimo vital.

Cómputo de rentas

Se tomarán en consideración los incrementos procedentes de rentas de trabajo o de la actividad económica por cuenta propia que se hayan producido en los dos ejercicios fiscales previos al año de la revisión del ingreso mínimo vital de acuerdo con lo previsto en las normas del Impuesto sobre la Renta de las Personas Físicas (art. 3.2 del Real Decreto 789/2022, de 27 de septiembre).

En el supuesto de que se trate de una unidad de convivencia el cálculo final de la exención se realizará de forma agregada, teniendo en cuenta tanto los incrementos como las disminuciones que se hubieran producido en las mencionadas rentas para la totalidad de las personas.

CUESTIONES

1. ¿Qué sucede si se ha presentado declaración de la renta?

En el caso de que en el ejercicio correspondiente se hubiere presentado la declaración de la renta [art. 36.1.f) de la Ley 19/2021, de 20 de diciembre], se tomarán los importes que figuren en las casillas de la declaración anual de dicho impuesto que figuran en el anexo I del Real Decreto 789/2022, de 27 de septiembre.

2. ¿Qué sucede si no se ha presentado declaración de la renta?

En el caso de que en el ejercicio correspondiente no se hubiere presentado la declaración del impuesto sobre la renta de las personas físicas, se tomarán los importes que figuren en las casillas de declaración Informativa. Retenciones e ingresos a cuenta. Rendimientos del trabajo y de actividades económicas, premios y determinadas ganancias patrimoniales e imputaciones de rentas. Resumen anual. que figuran en el anexo II del Real Decreto 789/2022, de 27 de septiembre.

Determinación del importe de la renta exenta

Las posibilidades del incentivo vienen determinadas por los siguientes parámetros: **tipo de unidad de convivencia** (solo personas adultas, una persona adulta con menores, más de una persona adulta con menores), **origen del incremento económico** (si el hogar incrementa sus ingresos salariales partiendo de una situación en la que no trabajaba —hogares del margen extensivo— o los incrementa por aumentar horas de trabajo —hogares del margen intensivo—), y **tramo de importe del incremento de ingresos del trabajo o de la actividad económica**, definidos en el art. 4 y anexo III del el Real Decreto 789/2022, de 27 de septiembre.

El importe de la renta exenta que origina la aplicación del incentivo será el que resulte de aplicar los **tramos previstos en el anexo III del Real Decreto 789/2022, de 27 de septiembre, al incremento de rentas del trabajo o de la actividad económica por cuenta propia** (de acuerdo con los datos tributarios).

Desde el 1 de enero de 2023 se establecen tres tramos de incentivos que funcionan de manera diferente:

- **Tramo 1**: los incrementos procedentes de rentas de trabajo o de la actividad económica por cuenta propia hasta alcanzar el 60 % de la renta garantizada se sumará al IMV como incentivo. De esta forma, cuando el incremento de salarios alcance hasta el 60 % del umbral de renta garantizada no se producirá ninguna reducción del IMV.

  «El importe de los incrementos de los ingresos previstos en el artículo 3 hasta una cuantía igual al 60 % de la renta garantizada de la unidad de convivencia, se excluirá en un 100 % del cómputo para el cálculo del ingreso mínimo vital».

- **Tramo 2**: cuando se supere el tramo 1, es decir, a partir del 60 % de la renta garantizada, se añadirá solo un porcentaje de la diferencia que variará entre un 20 % y un 40 %:

  » Ingresos que no procedan del trabajo o de la actividad económica por cuenta propia:

  ◆ Personas beneficiarias individuales o unidades de convivencia compuestas exclusivamente por personas adultas: el porcentaje de exención será del 30 %.

  ◆ Persona adulta con uno o varios menores a cargo: el porcentaje de exención será del 35 %.

- ◆ Persona adulta con uno o varios menores a cargo o en el supuesto de personas beneficiarias individuales o unidades de convivencia a las que se les aplica el complemento de discapacidad: el porcentaje de exención será del 40 %.

» Ingresos que procedan del trabajo o de la actividad económica por cuenta propia:

- ◆ Personas beneficiarias individuales o unidades de convivencia compuestas exclusivamente por personas adultas: el porcentaje de exención será del 20 %.

- ◆ Persona adulta con uno o varios menores a cargo: el porcentaje de exención será del 25 %.

- ◆ Persona adulta con uno o varios menores a cargo o en el supuesto de personas beneficiarias individuales o unidades de convivencia a las que se les aplica el complemento de discapacidad: el porcentaje de exención será del 30 %.

- **Tramo 3**: el importe de los incrementos de los ingresos previstos que supere la cuantía de la renta garantizada de la unidad de convivencia, no se excluirá del cómputo para el cálculo del ingreso mínimo vital. En este supuesto ya no existiría derecho al IMV.

> **A TENER EN CUENTA**. Estos porcentajes podrán ser modificados por medio de orden ministerial (D.F. 3.ª del Real Decreto 789/2022, de 27 de septiembre).

CUESTIONES

1. ¿Qué es y cómo se calcula la renta garantizada?

El ingreso mínimo vital es una prestación económica de periodicidad mensual que cubre la diferencia entre el conjunto de ingresos que ha recibido el hogar unipersonal o la unidad de convivencia durante el año anterior y la renta garantizada determinada por la ley para cada supuesto.

Con carácter general, la renta garantizada para un hogar unipersonal es el equivalente al 100 por ciento del importe anual de las pensiones no contributivas de la Seguridad Social vigente en cada momento, dividido por 12. El importe de la renta garantizada se incrementa en función de la composición de la unidad de convivencia mediante la aplicación de unas escalas de incrementos fijadas en el anexo I de la Ley 19/2021, de 20 de diciembre.

A estos efectos, para la determinación de la cuantía mensual de la renta garantizada que corresponda en función de la modalidad y del número de miembros de la unidad de convivencia previstos en el artículo 13.2.a), b), c) y d) de la Ley 19/2021, de 20 de diciembre, se sumará el complemento de ayuda a la infancia.

2. Ejemplo de aplicación del incentivo para una familia monoparental con un menor que no ha tenido ingresos el año anterior

Renta Garantizada: 10.737 euros al año, que en este caso coincide con el IMV al no tener otros ingresos.

Ingresos del trabajo por valor de 1.000 euros al año siguiente.

Si no existiera incentivo al empleo, la prestación por IMV sería de 9.737 euros (Renta Garantizada de 10.737 – 1.000 euros de ingresos del trabajo).

Con la aplicación del incentivo al empleo, el IMV+ incentivo permitirá que la familia perciba 10.737 euros.

Así, su renta disponible sería de 11.737 euros, resultado de: (IMV + incentivo = 10.737 euros) + (Salario = 1.000 euros).

Fuente: *Ministerio de Inclusión*.

Reconocimiento y efectos de la exención

El Instituto Nacional de la Seguridad Social aplicará **de oficio** la exención que corresponda a las personas beneficiarias del ingreso mínimo vital **a partir de la primera revisión anual** de la cuantía de la prestación, siempre y cuando las personas hayan sido beneficiarias del ingreso mínimo vital en el año anterior a la aplicación de la revisión.

A TENER EN CUENTA. Cuando la determinación del requisito de vulnerabilidad económica para el reconocimiento del ingreso mínimo vital se haya hecho en función de los ingresos y rentas computables correspondientes al ejercicio en curso, la compatibilidad solo podrá aplicarse a partir del segundo ejercicio desde que se inició su percepción.

La exención tendrá una **periodicidad anual** y se hará efectiva en el momento de la revisión y actualización del ingreso mínimo vital de acuerdo con lo dispuesto en el artículo 16.3 de la Ley 19/2021, de 20 de diciembre.

13.2. Complemento de ayuda para la infancia

El complemento de ayuda para la infancia es una prestación económica adicional al ingreso mínimo vital (IMV) destinada a las unidades de convivencia que incluyen menores de edad entre sus miembros. Este complemento tiene como objetivo proporcionar un apoyo económico adicional para cubrir las necesidades básicas de los menores y fomentar su bienestar (art. 11.6 y D.A. 10.ª de la LIMV y Real Decreto 789/2022, de 27 de septiembre).

Personas beneficiarias

Aquellas unidades de convivencia que incluyan menores de edad entre sus miembros cuando cumplan los requisitos de ingresos computables en el ejercicio inmediatamente anterior al de la solicitud.

También será titular del complemento de ayuda para la infancia la persona que a la fecha de entrada en vigor de la Ley 19/2021, de 20 de diciembre fuere beneficiaria de la asignación económica por hijo o menor a cargo sin discapacidad o con discapacidad inferior al 33 por ciento.

> **A TENER EN CUENTA.** Las unidades de convivencia que no tengan derecho al Ingreso Mínimo Vital, pero cumplan con los requisitos de ingresos y patrimonio, también pueden ser beneficiarias del complemento de ayuda para la infancia.

Requisitos para recibir el complemento

– **Incluir menores de edad** entre sus miembros.

– **Ingresos y patrimonio.** Para recibir este complemento del Ingreso Mínimo Vital los hogares tendrán que cumplir dos requisitos (art. 20 de la Ley 19/2021, de 20 de diciembre):

  » No superar el 300 % de la renta garantizada del IMV para su tipo de hogar.

  » No superar el 150 % del umbral de patrimonio correspondiente a su tipo de hogar.

Los ingresos computables de la unidad de convivencia deben ser inferiores al 300 % de los umbrales indicados en el Anexo I de la Ley 19/2021. El patrimonio neto debe ser inferior al 150 % de los límites fijados en el Anexo II de la misma ley, cumpliendo el test de activos definido en el Anexo III. Actualizando las cantidades al **año 2024**:

Umbral de ingresos 2024. Complemento de infancia Ingreso Mínimo Vital		
Unidad de convivencia	Ingresos/año	Ingresos/mes
Un adulto y un menor	28.277,28 €	2.356,44 €
Un adulto y dos menores	34.802,64 €	2.900,22 €
Un adulto y tres menores	41.328,36 €	3.444,03 €
Un adulto y más de tres menores	47.853,72 €	3.987,81 €
Dos adultos y un menor	34.802,64 €	2.900,22 €
Dos adultos y dos menores	41.328,36 €	3.444,03 €
Dos adultos y más de dos menores	47.853,72 €	3.987,81 €
Tres adultos y un menor	41.328,36 €	3.444,03 €
Tres adultos y más de dos menores	47.853,72 €	3.987,81 €
Cuatro adultos y un menor	47.853,72 €	3.987,81 €
Otros	47.853,72 €	3.987,81 €

Umbral de patrimonio neto 2024. Complemento de infancia Ingreso Mínimo Vital	
Unidad de convivencia	Límite de patrimonio
Dos personas (un adulto y un menor)	45.678,27 €
Tres personas (un adulto y dos menores, dos adultos y un menor)	58.729,20 €
Cuatro personas (un adulto y tres menores, dos adultos y dos menores, tres adultos y un menor)	71.780,14 €
Cinco personas* (un adulto y más de tres menores, dos adultos y más de dos menores, tres adultos y más de dos menores, cuatro adultos y un menor, otros)	84.831,07 €

Valor máximo de los activos (sin incluir la vivienda habitual)	
Unidad de convivencia	Límite de patrimonio
Una persona (un adulto solo)	43.503,12 €
Dos personas (un adulto y un menor)	60.904,36 €
Tres personas (un adulto y dos menores, dos adultos y un menor)	78.305,60 €
Cuatro personas (un adulto y tres menores, dos adultos y dos menores, tres adultos y un menor)	95.706,86 €
Cinco personas* (un adulto y más de tres menores, dos adultos y más de dos menores, tres adultos y más de dos menores, cuatro adultos y un menor, otros)	113.108,10 €

Fuente: *Ministerio de Inclusión, Seguridad social y migraciones.*

Cuantía del complemento

La cuantía del complemento de ayuda para la infancia será una cantidad mensual por cada menor de edad miembro de la unidad de convivencia, en función de la edad cumplida el día 1 de enero del correspondiente ejercicio, con arreglo a los siguientes tramos (**cantidades para el año 2024**):

– Menores de tres años: 115 euros.

– Mayores de tres años y menores de seis años: 80,50 euros.

– Mayores de seis años y menores de 18 años: 57,50 euros.

La TGSS ha puesto a disposición de los posibles beneficiarios un simulador del complemento de ayuda a la infancia.

Procedimiento de solicitud

La solicitud del complemento de ayuda para la infancia se realiza a través del modelo normalizado de solicitud del Ingreso Mínimo Vital, acompañado de la documentación necesaria para justificar el cumplimiento de los requisitos establecidos. La solicitud se puede presentar preferentemente en la sede electrónica de la Seguridad Social o a través de otros canales de comunicación telemática habilitados por el Instituto Nacional de la Seguridad Social.

El plazo máximo para resolver y notificar el procedimiento iniciado es de seis meses contados desde la fecha en la que la solicitud ha sido registrada o desde que se hayan aportado los documentos requeridos.

Incompatibilidades

Las prestaciones o ayudas incompatibles con el IMV lo serán también del complemento de ayuda para la infancia, aunque se perciba de forma independiente.

El complemento de ayuda para la infancia también será incompatible con la asignación económica por hijo o menor a cargo sin discapacidad o con discapacidad inferior al 33 %.

13.3. Complemento por unidad de convivencia monoparental

Este complemento está dirigido a familias monoparentales, es decir, aquellas constituidas por un único adulto que convive con uno o más menores de edad bajo su guarda y custodia exclusiva, o que convive con menores en régimen de acogimiento familiar permanente.

Como hemos tratado a lo largo de la obra, el complemento por monoparentalidad asciende al 22 % de la renta garantizada individual.

13.4. Complemento por discapacidad

Este complemento está destinado a aquellas unidades de convivencia en las que uno de sus miembros tiene una discapacidad reconocida igual o superior al 65 %.

Este complemento también asciende al 22 % de la renta garantizada individual.

13.5. Complemento por cambio de circunstancias personales

Este complemento no se establece como un pago adicional fijo, pero las modificaciones en las circunstancias personales de los beneficiarios pueden generar cambios en la cuantía del IMV. Por ejemplo, si uno de los miembros de la unidad de convivencia pasa a tener una discapacidad, cambia su situación laboral, o la composición del hogar varía, la prestación del IMV puede ajustarse.

13.6. Exención de aportación por medicamentos

Los beneficiarios de la prestación analizada están exentos de la aportación de los usuarios a la prestación farmacéutica ambulatoria, según lo establecido en el apdo. 8. f) del art. 102 del Real Decreto Legislativo 1/2015, de 24 de julio.

Para que los perceptores del IMV no tengan que pagar medicamentos de la Seguridad Social, deben cumplirse dos condiciones:

1. **Perceptor del IMV en la unidad familiar**: el Instituto Nacional de la Seguridad Social (INSS) debe comprobar que al menos uno de los cohabitantes de la unidad familiar del solicitante sea perceptor de pleno derecho del Ingreso Mínimo Vital.

2. **Receta médica**: es necesario que los medicamentos necesarios estén acompañados de una receta firmada por un médico o profesional sanitario competente.

A efectos prácticos, dada la informatización del sistema, las farmacias no cobrarán los medicamentos cuando el beneficiario de esta prestación aporte su tarjeta sanitaria.

ANEXO I.
CASOS PRÁCTICOS

Caso práctico | Superación del umbral máximo de renta para tener acceso a la prestación del IMV (beneficiario individual)

PLANTEAMIENTO

D. Isidoro, nacido en fecha 1974, de nacionalidad Guinea Bissau, con autorización legal de residencia y trabajo en España y domicilio en Barcelona, presentó en fecha 23/09/2024 solicitud de la prestación de ingreso mínimo vital.

En fecha 21/11/2024 el INSS denegó la prestación solicitada por superar las rentas e ingresos computables de acuerdo con lo dispuesto en el apdo. 1.b) del art. 10 de la Ley 19/2021, de 20 de diciembre (LIMV).

En fecha 01/10/2021 el actor presentó reclamación previa frente a la anterior resolución, resolviendo el INSS en fecha 03/05/2022 el INSS desestimó por silencio negativo la reclamación previa.

Durante el año 2023, D. Isidoro tuvo unos ingresos brutos derivados del trabajo de 15.805,36 euros, se le descontó de cotizaciones a la Seguridad Social 2.098,43 euros y percibió una indemnización por despido/extinción de contrato de 812,47 euros.

— ¿Tendría derecho al ingreso mínimo vital sobre la base carecer de ingresos en el año 2023?

— Los ingresos percibidos por el solicitante, tanto por su trabajo como por la indemnización por despido, ¿superan los límites establecidos por la normativa vigente?

RESPUESTA

Atendiendo a la información de los datos fiscales de D. Isidoro, los ingresos y rentas íntegras percibidas durante el ejercicio de 2023 superan los límites establecidos para tener acceso al IMV.

En el supuesto debemos realizar los cálculos atendiendo a lo establecido en los arts. 11 y 20.1 de la LIMV.

En el supuesto de analizado sucede que, para poder tener derecho a la prestación denegada por el INSS, la citada LIMV prevé que los ingresos del beneficiario (no se cita que forme parte integrante de ninguna unidad de convivencia ni cuente con un grado de discapacidad igual o superior al 65 por 100) no pueden exceder, en cómputo anual, de 7.250,60 euros.

A TENER EN CUENTA. En el caso de una persona beneficiaria individual, la cuantía mensual de renta garantizada ascenderá al 100 por ciento del importe anual de las pensiones no contributivas fijadas anualmente en la Ley de Presupuestos Generales del Estado, dividido por doce. Para el año 2024: 7.250,60 euros anuales.

De la declaración del IRPF del ejercicio 2023 D. Isidoro (año anterior a la solicitud —art. 11.2 de la LIMV—) se objetiva que obtuvo unos rendimientos brutos de 13.706,93 euros (15.805,36 euros a los que hay que descontar las cotizaciones a la Seguridad Social, es decir, 2.098,43 euros). Dicha cantidad sería suficiente para desestimar la solicitud toda vez que ultrapasa con creces el mínimo establecido en el art. 11 y 20 de la LIMV, pero a lo anterior debe sumarse la indemnización por despido o extinción de contrato percibida en 2023 por importe de 812,47 euros, y que si bien está exenta de tributación en el IRPF [art. 7.e) de la LIMV], no así del cómputo de rentas a tener en cuenta para cumplir el requisito de la condición de persona de especial vulnerabilidad del art. 10.1.b de la LIMV en relación con el art. 11.2 de la reiterada LIMV tal y como lo dispone el apartado 3.º del apdo. 1.º f) del art. 20 de la LIMV, el cual no excluye las indemnizaciones por despido del cómputo de los ingresos a efectos de tener acceso al ingreso mínimo vital.

Sumados los rendimientos brutos del año 2023 [art. 20.1 a) de la LIMV] a la indemnización por despido obtenida dicho año, conlleva a concluir que D. Isidoro obtuvo en el 2023 unos ingresos de 14.519,40 euros (13.706,93 euros + 812,47 euros), superando así el umbral máximo legalmente establecido para tener acceso a la prestación del IMV.

Resolviendo un caso similar: SJS n.º 91/2023, de 15 de marzo de 2023, ECLI: ES:JSO:2023:2515.

Caso práctico | Cómputo de rentas en caso de divorcio

PLANTEAMIENTO

Una persona reside con sus tres hijos, si bien además es titular al 50 % de otra vivienda que en su momento compró con su exmarido.

En el año 2023, consta que ha percibido un total de 316,03 euros por rendimiento de trabajo, 2.400 euros por pensión de alimentos y 600 euros por pensión compensatoria, lo cual hace un total de 3.316,03 euros.

Respecto a su patrimonio, consta que la vivienda de la que es propietaria al 50 % fue adquirida por la actora y su marido en escritura de fecha 19-10-04, estando afecta a una hipoteca, teniendo un valor catastral a favor de la actora de 53.726,51 euros (valor de mercado total de 91.959,04 euros), estando grabada con una hipoteca pendiente de pago de unos 175.000 euros en total.

RESPUESTA

En el caso planteado, la posible beneficiaria reside con sus tres hijos, si bien consta que además es titular al 50 % de otra vivienda.

Cómputo de renta garantizada

Como es sabido, la renta garantizada para un hogar unipersonal es el equivalente al 100 por ciento del importe anual de las pensiones no contributivas de la Seguridad Social vigente en cada momento, dividido por 12. El importe de la renta garantizada se incrementa en función de la composición de la unidad de convivencia mediante la aplicación de unas escalas de incrementos.

El anexo I de la LIMV contiene la escala de incrementos para el cálculo de la renta garantizada según el tipo de unidad de convivencia. Para 2024, la renta garantizada para un adulto con tres menores a su cargo es de **13.776,12 euros/año**.

En cuanto a sus ingresos en el año 2023, consta que ha percibido un total de 3.16,03 euros por rendimiento de trabajo, 2.400 euros por pensión de alimentos y 600 euros por pensión compensatoria, lo cual hace un total de **3.316,03 euros**.

Límite de ingresos = Renta garantizada según las circunstancias – 10 euros

Límite de ingresos = 13.776,12 – 10 euros = 13.766,12 euros

Teniendo en cuenta los ingresos del año anterior, la posible beneficiaria no supera la cuantía anual de renta garantizada para el año 2024 para una familia de cuatro miembros; motivo por el que podría solicitar el ingreso mínimo vital.

Cómputo del patrimonio

El anexo II de la LIMV contiene la escala de incrementos para el cálculo del límite de patrimonio aplicable según el tipo de unidad de convivencia. Para 2024, la renta anual garantizada para un adulto con tres menores a su cargo es de **44.777,96 euros**.

Respecto a su patrimonio, se dice la vivienda no habitual fue adquirida por la posible beneficiaria y su marido en escritura de fecha 19-10-04, estando afecta a una hipoteca, teniendo un valor catastral de 53.726,51 euros (valor de mercado total de 91.959,04 euros), estando grabada con una hipoteca pendiente de pago de unos 175.000 euros en total.

Teniendo en cuenta el patrimonio neto (valor catastral menos el valor de la hipoteca), la posible beneficiaria no supera el límite de ingresos fijado para el año 2024 para una familia de cuatro miembros; motivo por el que podría solicitar el ingreso mínimo vital (art. 20 de la LIMV).

En este sentido: SJS-Madrid n.º Social 138/2023, de 24 de mayo de 2023, ECLI: ES:JSO:2023:4416.

RESOLUCIONES RELEVANTES

STSJ de Aragón, rec. 641/2022, de 14 de octubre, ECLI:ES:TSJAR:2022:1300

«(...) el valor del patrimonio, que, por sí solo, no es renta ni ingreso pero revela una capacidad o potencialidad económica, sea para arrendarlo o para venderlo, que la normativa específica de la prestación de IMV dispone que se ha de considerar y valorar para acoger o excluir la situación de vulnerabilidad y capacidad económica necesaria para acceder al IMV, y en el caso, no revela la capacidad económica excluyente de la prestación, porque el inmueble constituye la vivienda habitual de la solicitante».

STSJ de Aragón, rec. 138/2022, de 1 de abril, ECLI:ES:TSJAR:2022:543

«La Sala estima el recurso y revoca la sentencia de instancia, que estimó la demanda sobre prestación de ingreso mínimo vital, porque el patrimonio de la actora, a efectos de valorar su capacidad y situación de vulnerabilidad económica, supera el límite máximo patrimonial aplicable. Para acceder a la prestación reclamada hay que acreditar la existencia de un patrimonio por debajo de la cantidad indicada y esto no se ha acreditado en este proceso. Una cosa es que la solicitante pruebe el valor catastral de la vivienda que ocupa y otra muy distinta el volumen de su patrimonio y el de su unidad familia».

Caso práctico | Superación del umbral máximo de renta para tener acceso a la prestación del IMV (valoración de vivienda no habitual)

PLANTEAMIENTO

A D.ª Leonor, nacida en fecha 1974, de nacionalidad española y con domicilio en A Coruña, le ha sido denegado el IMV por resolución del INSS del pasado 24/10/2024.

Para la determinación de la prestación se tuvieron en cuenta 20.169,88 euros por valoración de una vivienda no habitual propiedad en un 33 % de la solicitante en Sanxenxo (Pontevedra) junto a sus hermanos. A pesar del estado ruinoso del inmueble en la fecha de la solicitud (probado por informe pericial) se le imputan por este concepto 8.979,65 euros.

La posible beneficiaria cumple los requisitos de ingresos y rentas inferiores al umbral establecido por lo que se pregunta:

— ¿Puede reclamar ante la jurisdicción social?

— ¿Es correcta la denegación según la valoración catastral del inmueble que realiza la entidad gestora sin tener en cuenta el estado ruinoso de la casa? ¿Debería utilizarse para el cálculo del patrimonio el verdadero valor de tasación del inmueble?

RESPUESTA

La vulnerabilidad económica se define por dos circunstancias:

— Unos ingresos y rentas inferiores a un umbral de renta.

— Que el beneficiario individual no sea titular de un patrimonio valorado según el art. 20 de la Ley 19/2021, de 20 de diciembre, por la que se establece el ingreso mínimo vital (LIMV). El apdo. 3 del art. 11 de la LIMV (en referencia al art. 20 citado) indica:

> «No se apreciará que concurre este requisito [vulnerabilidad económica] cuando la persona beneficiaria individual sea titular de un patrimonio neto valorado, de acuerdo con los criterios que se contemplan en el artículo 20, en un importe igual o superior a tres veces la cuantía correspondiente de renta garantizada por el ingreso mínimo vital para una persona beneficiaria individual [Para el año 2024: 7.250,60 euros anuales]. En el caso de las unidades de convivencia, se entenderá que no concurre este requisito cuando sean titulares de un patrimonio neto valorado en un importe igual o superior a la cuantía resultante de aplicar la escala de incrementos que figura en el anexo II».

Del supuesto planteado se deriva que la solicitud a modo individual del IMV fue inadmitida por el INSS porque el valor del patrimonio superaba el umbral establecido por la norma. La norma no solo establece el límite patrimonial (tres veces la cuantía correspondiente de renta garantizada por el IMV para una persona beneficiaria individual) que **en 2014 ascendería a los 20.353,62 euros**, sino que proporciona los criterios legales de valoración del patrimonio remitiéndose al art. 20 de la LIMV

La LIMV nos dice qué hemos de considerar patrimonio (apdo. 4.º), los distintos conceptos que lo componen (apdos. 5.º y 6.º) y cómo hemos de valorarlo (apdos. 7.º y 8.º). Y, así, en relación a los «inmuebles, excluida la vivienda habitual» nos dice que tratándose de inmuebles de carácter residencial habrá que estar al «valor de referencia de mercado al que se hace referencia en al art. 3.1 y la D.F. 3.ª del texto refundido de la Ley del Catastro Inmobiliario, aprobado por el Real Decreto Legislativo 1/2004, de 5 de marzo y, en ausencia de este valor, por el valor catastral del inmueble»; mientras que para «el resto de activos inmobiliarios» se atenderá al «valor catastral del inmueble».

Atendiendo a la claridad del mandato legal, la valoración debe efectuarse según los criterios de la entidad gestora —valor catastral del inmueble— y no por el valor real del inmueble.

La solicitante podría reclamar la resolución del INSS apoyándose en una prueba pericial para demostrar que el valor de la vivienda no habitual de la que es propietario en un 33 % se encuentra en estado de ruina. No obstante, siguiendo el art. 11.3 de la LIMV, aunque se carezca de rentas o ingresos se entiende que existe capacidad económica y que, por tanto, no se está en situación de vulnerabilidad económica, cuando la persona es titular de un patrimonio que supere un determinado valor.

En la **STSJ de Extremadura, rec. 89/2022, de 12 de mayo de 2022, ECLI:ES: TSJEXT:2022:570**, se considera que utilizar el valor de tasación «(...) además de apartarse del criterio legal, introduce una gran inseguridad jurídica (va en contra de la predictibilidad de las resoluciones judiciales) y su generalización podría provocar efectos no previstos e indeseados como que la entidad gestora denegara prestaciones por entender que no obstante el valor de referencia o el valor catastral, el valor de tasación del patrimonio inmobiliario es superior, superando así los límites patrimoniales, siempre que así lo acreditase. Ello además podría incrementar los costes burocráticos y de gestión en una prestación cuyo diseño, implementación y control requiere ya de por sí un considerable esfuerzo a la entidad gestora. Fácilmente se advierte que no es ese el propósito del legislador al introducir criterios de valoración del patrimonio inmobiliario concretos, predecibles y objetivos». Este fallo, en un supuesto similar al planteado, concluye que el actor no cumple el requisito de la vulnerabilidad económica al superar su patrimonio el límite legal establecido.

Igualmente, la STSJ de la C. Valenciana n.º 823/2023, de 9 de marzo del 2023, ECLI:ES:TSJCV:2023:2380, «(...) según la norma al momento de solicitar y tener efectos la prestación reconocida el valor del patrimonio no se computaba como neto sino por el mero valor catastral y siendo un hecho no discutido que la mitad del valor catastral del inmueble asciende a 23.410,40 euros siendo el límite de patrimonio que permite el acceso a la prestación el de 23.259,60 euros, debemos considerar que el solicitante no es tributario del Ingreso Mínimo Vital.

Debiendo añadir que al actor no le podría ser de aplicación siquiera las previsiones de la nueva norma según Transitoria Octava, de la Ley 19/2021, de 20 de diciembre. Esta permite la aplicación de la nueva normativa a los supuestos de solicitudes que no hubiesen sido objeto de resolución o en su caso que no hubiesen todavía sido objeto de resolución de la reclamación previa, si se reunían los requisitos de acceso con el cómputo de rentas y patrimonio de la nueva norma, lo que no es el caso de autos en que la desestimación de la solicitud lo fue en 1-8-20 y la desestimación de la reclamación previa tuvo lugar en 5-3-21; lo que no permite aplicar la nueva norma a hechos anteriores como es el caso en que se dispone de un inmueble que no es vivienda habitual».

Caso práctico | Cuantía del IMV que corresponde

PLANTEAMIENTO

Se plantean distintas situaciones de acceso al IMV para determinar la cuantía de la prestación en 2024:

1. Una persona individual solicita el Ingreso Mínimo Vital (IMV). Esta persona tiene una renta mensual de 300 euros. No tiene ningún grado de discapacidad.

2. Una unidad de convivencia formada por dos adultos y un menor solicita el IMV en 2024. La renta mensual conjunta de la unidad de convivencia es de 500 euros.

3. Una unidad de convivencia monoparental formada por un adulto y dos menores solicita el IMV en 2024. La renta mensual conjunta de la unidad de convivencia es de 400 euros.

4. Una unidad de convivencia formada por tres adultos y dos menores solicita el IMV en 2024. La renta mensual conjunta de la unidad de convivencia es de 800 euros. Uno de los adultos tiene un grado de discapacidad del 70 %.

5. Una unidad de convivencia formada por dos adultos y un menor solicita el Ingreso Mínimo Vital (IMV) en 2024. En julio de 2024, uno de los adultos comienza a trabajar y la renta mensual conjunta de la unidad de convivencia aumenta a 1.200 euros. La renta mensual conjunta antes de julio era de 500 euros.

RESPUESTA

1. Una persona individual solicita el Ingreso Mínimo Vital (IMV). Esta persona tiene una renta mensual de 300 euros. No tiene ningún grado de discapacidad.

La cuantía mensual de la renta garantizada para un beneficiario individual en 2024 es de 604,21 euros. La cuantía del IMV será la diferencia entre la renta garantizada y la renta mensual del solicitante, siempre que la cuantía resultante sea igual o superior a 10 euros mensuales.

— Renta garantizada: 604,21 euros.

— Renta mensual del solicitante: 300 euros.

— Diferencia: 604,21 - 300 = 304,21 euros.

Por lo tanto, la cuantía del IMV que corresponde a esta persona es de 304,21 euros mensuales.

2. Una unidad de convivencia formada por dos adultos y un menor solicita el IMV en 2024. La renta mensual conjunta de la unidad de convivencia es de 500 euros.

La cuantía mensual de la renta garantizada para una unidad de convivencia formada por dos adultos y un menor en 2024 es de 966,74 euros. La cuantía del IMV será la diferencia entre la renta garantizada y la renta mensual conjunta de la unidad de convivencia, siempre que la cuantía resultante sea igual o superior a 10 euros mensuales.

— Renta garantizada: 966,74 euros.

— Renta mensual conjunta: 500 euros.

— Diferencia: 966,74 - 500 = 466,74 euros.

Por lo tanto, la cuantía del IMV que corresponde a esta unidad de convivencia es de 466,74 euros mensuales.

3. Una unidad de convivencia monoparental formada por un adulto y dos menores solicita el IMV en 2024. La renta mensual conjunta de la unidad de convivencia es de 400 euros.

La cuantía mensual de la renta garantizada para una unidad de convivencia monoparental formada por un adulto y dos menores en 2024 es de 1.099,67 euros. La cuantía del IMV será la diferencia entre la renta garantizada y la renta mensual conjunta de la unidad de convivencia, siempre que la cuantía resultante sea igual o superior a 10 euros mensuales.

— Renta garantizada: 1.099,67 euros.

— Renta mensual conjunta: 400 euros.

— Diferencia: 1.099,67 - 400 = 699,67 euros.

Por lo tanto, la cuantía del IMV que corresponde a esta unidad de convivencia es de 699,67 euros mensuales.

4. Una unidad de convivencia formada por tres adultos y dos menores solicita el IMV en 2024. La renta mensual conjunta de la unidad de convivencia es de 800 euros. Uno de los adultos tiene un grado de discapacidad del 70 %.

La cuantía mensual de la renta garantizada para una unidad de convivencia formada por tres adultos y dos menores en 2024 es de 1.329,27 euros. Además, se incrementa un 22 % debido a que uno de los adultos tiene un grado de discapacidad igual o superior al 65 %.

— Renta garantizada: 1.329,27 euros.

— Incremento por discapacidad: 1.329,27 * 0.22 = 292,44 euros.

— Renta garantizada total: 1.329,27 + 292,44 = 1.621,71 euros.

— Renta mensual conjunta: 800 euros.

— Diferencia: 1.621,71 - 800 = 821,71 euros.

Por lo tanto, la cuantía del IMV que corresponde a esta unidad de convivencia es de 821,71 euros mensuales.

5. Una unidad de convivencia formada por dos adultos y un menor solicita el Ingreso Mínimo Vital (IMV) en 2024. En julio de 2024, uno de los adultos comienza a trabajar y la renta mensual conjunta de la unidad de convivencia aumenta a 1.200 euros. La renta mensual conjunta antes de julio era de 500 euros.

La cuantía mensual de la renta garantizada para una unidad de convivencia formada por dos adultos y un menor en 2024 es de 966,74 euros. La cuantía del IMV será la diferencia entre la renta garantizada y la renta mensual conjunta de la unidad de convivencia, siempre que la cuantía resultante sea igual o superior a 10 euros mensuales.

Cálculo antes de julio:

— Renta garantizada: 966,74 euros.

— Renta mensual conjunta: 500 euros.

— Diferencia: 966,74 - 500 = 466,74 euros.

Por lo tanto, la cuantía del IMV que corresponde a esta unidad de convivencia antes de julio es de 466,74 euros mensuales.

Cálculo a partir de agosto (primer día del mes siguiente al cambio de circunstancias):

— Renta garantizada: 966,74 euros.

— Renta mensual conjunta: 1.200 euros.

— Diferencia: 966,74 - 1.200 = -233,26 euros.

Dado que la renta mensual conjunta supera la renta garantizada, la unidad de convivencia ya no tiene derecho a recibir el IMV a partir de agosto de 2024.

Caso práctico | ¿Puedo compaginar el IMV con un trabajo?

PLANTEAMIENTO

Se plantean distintas situaciones sobre el derecho a mantener el IMV si el prestacionista comienza a trabajar:

1. Juan es un trabajador de 45 años que vive solo y percibe el Ingreso Mínimo Vital (IMV). Su renta garantizada es de 565,28 euros mensuales. En enero de 2024, Juan consigue un trabajo a tiempo parcial con un sueldo de 300 euros mensuales.

2. Lucía y Manuel son una pareja con dos hijos menores. La renta garantizada para su unidad de convivencia es de 1.028,87 euros mensuales. En marzo de 2024, Lucía consigue un trabajo a tiempo completo con un sueldo de 900 euros mensuales, mientras que Manuel sigue sin empleo y sin ingresos.

3. Sofía es una madre soltera con un hijo menor. La renta garantizada para su unidad de convivencia es de 904,60 euros mensuales. En junio de 2024, Sofía consigue un trabajo a tiempo parcial con un sueldo de 500 euros mensuales.

4. Raúl y Marta son una pareja con tres hijos menores. La renta garantizada para su unidad de convivencia es de 1.243,74 euros mensuales. En septiembre de 2024, Raúl consigue un trabajo a tiempo completo con un sueldo de 1.100 euros mensuales, mientras que Marta sigue sin empleo y sin ingresos.

¿Cómo influye el incentivo al empleo para beneficiarios del Ingreso Mínimo Vital (IMV)?

RESPUESTA

1. Juan es un trabajador de 45 años que vive solo y percibe el Ingreso Mínimo Vital (IMV). Su renta garantizada es de 565,28 euros mensuales. En enero de 2024, Juan consigue un trabajo a tiempo parcial con un sueldo de 300 euros mensuales.

Para determinar si Juan puede seguir percibiendo el IMV, se debe calcular la diferencia entre su renta garantizada y sus ingresos mensuales. Sin embargo, con la nueva normativa, se aplicará el incentivo al empleo.

— Renta garantizada: 565,28 euros.

— Ingresos mensuales del trabajo: 300 euros.

Dado que los ingresos de Juan no superan el 60 % de la renta garantizada, se sumará al IMV como incentivo. Por lo tanto, Juan seguirá percibiendo el IMV completo de 565,28 euros y, además, sus ingresos del trabajo de 300 euros, resultando en una renta disponible total de 865,28 euros mensuales

2. Lucía y Manuel son una pareja con dos hijos menores. La renta garantizada para su unidad de convivencia es de 1.028,87 euros mensuales. En marzo de 2024, Lucía consigue un trabajo a tiempo completo con un sueldo de 900 euros mensuales, mientras que Manuel sigue sin empleo y sin ingresos.

Para determinar si la unidad de convivencia puede seguir percibiendo el IMV, se debe calcular la diferencia entre su renta garantizada y los ingresos mensuales de Lucía. Con la nueva normativa, se aplicará el incentivo al empleo.

— Renta garantizada: 1.028,87 euros.

— Ingresos mensuales del trabajo de Lucía: 900 euros.

Dado que los ingresos de Lucía superan el 60 % de la renta garantizada, se aplicará un porcentaje de exención del 25 % para una persona adulta con menores a cargo. Por lo tanto, la diferencia a considerar será:

— Diferencia: 1.028,87 - (900 * 0.25) = 1.028,87 - 225 = 803,87 euros.

Lucía y Manuel seguirán percibiendo el IMV, pero la cuantía se reducirá a 803,87 euros mensuales, resultando en una renta disponible total de 1.703,87 euros mensuales.

3. Sofía es una madre soltera con un hijo menor. La renta garantizada para su unidad de convivencia es de 904,60 euros mensuales. En junio de 2024, Sofía consigue un trabajo a tiempo parcial con un sueldo de 500 euros mensuales.

Para determinar si Sofía puede seguir percibiendo el IMV, se debe calcular la diferencia entre su renta garantizada y sus ingresos mensuales. Con la nueva normativa, se aplicará el incentivo al empleo.

— Renta garantizada: 904,60 euros.

— Ingresos mensuales del trabajo: 500 euros.

Dado que los ingresos de Sofía no superan el 60 % de la renta garantizada, se sumará al IMV como incentivo. Por lo tanto, Sofía seguirá percibiendo el IMV completo de 904,60 euros y, además, sus ingresos del trabajo de 500 euros, resultando en una renta disponible total de 1.404,60 euros mensuales.

4. Raúl y Marta son una pareja con tres hijos menores. La renta garantizada para su unidad de convivencia es de 1.243,74 euros mensuales. En septiembre de 2024, Raúl consigue un trabajo a tiempo completo con un sueldo de 1.100 euros mensuales, mientras que Marta sigue sin empleo y sin ingresos.

Para determinar si la unidad de convivencia puede seguir percibiendo el IMV, se debe calcular la diferencia entre su renta garantizada y los ingresos mensuales de Raúl. Con la nueva normativa, se aplicará el incentivo al empleo.

— Renta garantizada: 1.243,74 euros.

— Ingresos mensuales del trabajo de Raúl: 1.100 euros.

Dado que los ingresos de Raúl superan el 60 % de la renta garantizada, se aplicará un porcentaje de exención del 25 % para una persona adulta con menores a cargo. Por lo tanto, la diferencia a considerar será:

— Diferencia: 1.243,74 - (1.100 * 0.25) = 1.243,74 - 275 = 968,74 euros.

Raúl y Marta seguirán percibiendo el IMV, pero la cuantía se reducirá a 968,74 euros mensuales, resultando en una renta disponible total de 2.068,74 euros mensuales.

Caso práctico | El cobro de un subsidio, ¿permite solicitar el ingreso mínimo vital?

PLANTEAMIENTO

Una persona se plantea solicitar el ingreso mínimo vital (IMV) o el subsidio por desempleo al que tiene derecho por terminar la prestación contributiva:

1. ¿Ha de solicitarse el subsidio o la prestación no contributiva?

2. ¿Qué cantidades garantiza el IMV?

3. ¿Cómo se realizará la transición desde la extinción del subsidio por desempleo al Ingreso Mínimo Vital?

RESPUESTA

La suspensión y extinción del subsidio no contributivo por desempleo se regula en el art. 279 de la LGSS.

1. ¿Ha de solicitarse el subsidio o la prestación no contributiva?

La prestación y el subsidio serán compatibles con la percepción de cualquier tipo de rentas mínimas, salarios sociales o ayudas análogas de asistencia social concedidas por cualquier Administración Pública, y **con la percepción de las prestaciones económicas no contributivas de la Seguridad Social**, excepto la de jubilación.

Para que una persona que agote la prestación por desempleo reciba el subsidio por desempleo, sus ingresos mensuales no deben ser superiores al 75 % del Salario Mínimo Interprofesional. En el caso del IMV, la Seguridad Social tiene en cuenta los ingresos, el patrimonio y el número de personas que componen la unidad de convivencia.

Cuando el referido importe mensual conjunto de las pensiones, contributivas o no contributivas, del sistema de la Seguridad Social, así como, en su caso, de los subsidios de desempleo para mayores de 52 años, fuera igual o superior a la cuantía mensual de la renta garantizada aplicable no procederá reconocer el derecho al ingreso mínimo vital (art. 13.6 de la Ley 19/2021, de 20 de diciembre).

Lo anterior significa que, si el subsidio recibido supera o iguala la cuantía de la renta garantizada, no se podrá acceder al Importe Mínimo Vital. Sin embargo, si el subsidio es menor que la renta garantizada y se cumplen otros requisitos, podría ser posible solicitar el IMV.

2. ¿Qué cantidades garantiza el IMV?

Dependerá del número de miembros de la unidad de convivencia y de sus ingresos.

La cuantía mensual de la prestación de ingreso mínimo vital que corresponde a la persona beneficiaria individual o a la unidad de convivencia vendrá determinada por la diferencia entre la cuantía de la renta garantizada, según lo establecido en el art. 13.2 de la Ley 19/2021, de 20 de diciembre, y el conjunto de todas las rentas e ingresos de la persona beneficiaria o de los miembros que componen esa unidad de convivencia del ejercicio anterior, en los términos establecidos en los arts. 11, 16 y 19 de la citada norma, siempre que la cuantía resultante sea igual o superior a 10 euros mensuales.

El art. 13.6 de la Ley 19/2021, de 20 de diciembre, regula los aspectos sobre **cómputo, compatibilidad y cuantía de la prestación** de la siguiente forma:

«6. En todo caso, e independientemente de cuáles hubieran sido las rentas e ingresos del ejercicio anterior de la persona que vive sola o de la unidad de convivencia, cuando el solicitante del ingreso mínimo vital o uno o varios de los miembros de la unidad de convivencia, en su caso, tuvieran reconocida en la fecha de la solicitud, o les fuera reconocida antes de la resolución, una o más pensiones, contributivas o **no contributivas**, del sistema de la Seguridad Social, o un **subsidio de desempleo para mayores de 52 años**, cuyo importe mensual conjunto, incluida la parte proporcional de pagas extraordinarias, fuera inferior a la cuantía mensual de renta garantizada aplicable, y procediera el reconocimiento del ingreso mínimo vital por concurrir todos los requisitos para ello, el importe mensual de esta prestación no podrá ser superior a la diferencia entre la referida cuantía mensual de la renta garantizada y el importe mensual de la pensión o de la suma de las pensiones, incluida en su caso la parte proporcional de las pagas extraordinarias.

Cuando el referido importe mensual conjunto de las pensiones, contributivas o no contributivas, del sistema de la Seguridad Social, así como, en su caso, de los subsidios de desempleo para mayores de 52 años, fuera igual o superior a la cuantía mensual de la renta garantizada aplicable no procederá reconocer el derecho al ingreso mínimo vital.

Igualmente, el reconocimiento de una pensión contributiva o no contributiva del sistema de la Seguridad Social o un subsidio de desempleo para mayores de 52 años a la persona o personas beneficiarias de la prestación del ingreso mínimo vital determinará la minoración o extinción de esta prestación conforme a los mismos criterios indicados en los párrafos anteriores, teniendo en cuenta la suma de todas las pensiones de que sea titular el beneficiario individual o los miembros de la unidad de convivencia, con efectos del día primero del mes siguiente al de reconocimiento de la pensión o de su fecha de efectos si esta fuera posterior.

En ningún caso la actualización del importe del ingreso mínimo vital con efectos de 1 de enero de cada año, a que se refiere el artículo 16.3, podrá dar lugar a la percepción de una cantidad mensual superior a la diferencia entre la renta garantizada aplicable conforme a este artículo y la cuantía que, una vez actualizada, tuviera en esa fecha la pensión o de la suma de las pensiones y, en su caso, subsidios por desempleo, percibidos por el beneficiario individual o cualquiera de los miembros de la unidad de convivencia».

3. ¿Cómo se realizará la transición desde la extinción del subsidio por desempleo al Ingreso Mínimo Vital?

A efectos de la solicitud del ingreso mínimo vital cuando se agote el periodo máximo de percepción de los subsidios por desempleo sin haberse reinsertado en el mercado laboral, previo consentimiento de los interesados, la entidad gestora del subsidio por desempleo remitirá a la del ingreso mínimo vital los datos que se indican en esta disposición, para que ésta última reconozca, en su caso, la prestación del ingreso mínimo vital según lo establecido en la D.A. 12.ª de la Ley 19/2021, de 20 de diciembre.

ANEXO II.
FORMULARIOS

Modelo de reclamación administrativa previa ante negativa de prestación por IMV (incumplimiento requisitos asociados a la unidad de convivencia)

La reclamación administrativa previa en materia de prestaciones de Seguridad Social es el agotamiento de la vía administrativa que sirve de cauce a la impugnación de actos administrativos en materia laboral. Se encuentra regulada en el artículo 71 de la Ley de Jurisdicción Social.

Podrán ser beneficiarias del ingreso mínimo vital las personas que vivan solas o los integrantes de una unidad de convivencia que, con carácter general, estará formada por dos o más personas que residan en la misma vivienda y que estén unidas entre sí por consanguinidad o afinidad hasta el segundo grado, si bien se establecen excepciones para contemplar determinados supuestos, como es el caso de las personas que sin tener vínculos familiares comparten vivienda por situación de necesidad. En todo caso, para tener la condición de beneficiario, se exigen una serie de requisitos para el acceso y el mantenimiento del derecho a la prestación.

El presente modelo genérico de reclamación administrativa permite al prestacionista reclamar la denegación de IMV basándose en elegibilidad y cumplimiento de requisitos legales, solicitando revisión y reconocimiento de la prestación.

A LA DIRECCIÓN PROVINCIAL DE LA SEGURIDAD SOCIAL DE [PROVINCIA]

D./D.ª [NOMBRE_PRESTACIONISTA], con DNI n.º [DNI], y domicilio a efectos de notificación en [DOMICILIO], tlf.: [NÚMERO], fax: [NÚMERO], e-mail: [CORREO_ELECTRONICO], y afiliado a la Seguridad Social con el n.º [NÚM_SEG_SOCIAL_TRABAJADOR], ante la Dirección Provincial de [PROVINCIA] comparezco y, como mejor proceda en derecho,

DIGO

Que el día [DÍA] de [MES] de [AÑO] me ha sido notificada Resolución de [DÍA] de [MES] de [AÑO], de esta Dirección Provincial de la Seguridad Social, dictada en expediente núm. [ESPECIFICAR] por la que se deniega la prestación de ingreso mínimo vital (IMV) aludiendo [DESCRIPCIÓN]. **(1)**

Que, por medio del presente escrito, dentro del plazo de los treinta días desde la notificación de la citada resolución, de conformidad con el apartado 2 del artículo 71 de la Ley de la Jurisdicción Social, interpongo contra la misma **RECLAMACIÓN ADMINISTRATIVA PREVIA** con fundamento en las siguientes:

ALEGACIONES

PRIMERA. Al amparo del vigente **art. 6 de la Ley 19/2021, de 20 de diciembre, por la que se establece el ingreso mínimo vital (LIMV)**, se considera unidad de convivencia: **(2)**

> «(...) la constituida por todas las personas que residan en un mismo domicilio y que estén unidas entre sí por vínculo matrimonial, como pareja de hecho o por vínculo hasta el segundo grado de consanguinidad, afinidad, adopción, y otras personas con las que convivan en virtud de guarda con fines de adopción o acogimiento familiar permanente.

Se considerará pareja de hecho la constituida con análoga relación de afectividad a la conyugal por quienes, no hallándose impedidos para contraer matrimonio, no tengan vínculo matrimonial, ni constituida pareja de hecho con otra persona y acredite en dicha constitución, de conformidad con lo previsto en el párrafo quinto del artículo 21.4.

El fallecimiento de alguna de las personas que constituyen la unidad de convivencia no alterará la consideración de tal, aunque dicho fallecimiento suponga la pérdida, entre los supérstites, de los vínculos previstos en los párrafos anteriores.

Cuando en aplicación de las correspondientes instrucciones técnicas a los Ayuntamientos sobre la gestión del Padrón municipal, las personas figuren empadronadas en establecimientos colectivos, o por carecer de techo y residir habitualmente en un municipio, figuren empadronadas en un domicilio ficticio, será de aplicación lo establecido en el artículo 8.

2. Se considerará que no rompe la convivencia la separación transitoria por razón de estudios, trabajo, tratamiento médico, rehabilitación u otras causas similares.

A tal efecto, es requisito para la consideración de integrante de la unidad de convivencia la residencia efectiva, legal y continuada en España.

3. En ningún caso una misma persona podrá formar parte de dos o más unidades de convivencia».

De conformidad con el art. 6 transcrito supra en consonancia con el **art. 4 de la citada LIMV**, podrán ser beneficiarias del ingreso mínimo vital las personas integrantes de una unidad de convivencia constituida por todas las personas que residan en un mismo domicilio y que estén unidas entre sí por vínculo matrimonial o como pareja de hecho o por vínculo hasta el segundo grado de consanguinidad, afinidad, adopción, y otras personas con las que conviva en virtud de guarda con fines de adopción o acogimiento familiar permanente. El fallecimiento de alguna de las personas que constituyen la unidad de convivencia no alterará la consideración de tal, aunque dicho fallecimiento suponga la pérdida, entre los supérstites, de los vínculos previstos en el apartado anterior.

Como excepción, el **art. 7 de la LIMV**, considera que tendrán la consideración de personas beneficiarias que no se integran en una unidad de convivencia, o en su caso, de personas beneficiarias integradas en una unidad de convivencia independiente, «(...) aquellas personas que convivan en el mismo domicilio con otras con las que mantuvieran alguno de los vínculos previstos en el artículo 6.1 de la LIMV, y se encontraran en alguno de los siguientes supuestos:

a) Cuando una mujer, víctima de violencia de género, haya abandonado su domicilio familiar habitual acompañada o no de sus hijos o de menores en régimen de guarda con fines de adopción o acogimiento familiar permanente.

b) Cuando con motivo del inicio de los trámites de separación, nulidad o divorcio, o de haberse instado la disolución de la pareja de hecho formalmente constituida, una persona haya abandonado su domicilio familiar habitual acompañada o no de sus hijos o menores en régimen de guarda con fines de adopción o acogimiento familiar permanente. En el supuesto de parejas de hecho no formalizadas que hubieran cesado la convivencia, la persona que solicite la prestación deberá acreditar, en su caso, el inicio de los trámites para la atribución de la guarda y custodia de los menores.

c) Cuando se acredite haber abandonado el domicilio por desahucio, o por haber quedado el mismo inhabitable por causa de accidente o de fuerza mayor, así como otros supuestos que se establezcan reglamentariamente». (3)

En este caso, D./D.ª [NOMBRE_PRESTACIONISTA], y su [ESPECIFICAR] forman unidad de convivencia ya que [DESCRIPCIÓN] **(4)**. La situación debatida se demuestra mediante [DESCRIPCIÓN]. **(5)**

SEGUNDA. La propia norma también especifica que las personas beneficiarias deberán cumplir los requisitos de acceso a la prestación establecidos en el art. 10 de la Ley 19/2021, de 20 de diciembre, así como las obligaciones para el mantenimiento del derecho establecidas en el art. 36 de la reiterada Ley 19/2021, de 20 de diciembre.

En este caso, [DESCRIPCIÓN]. **(4)**

Por lo expuesto,

SOLICITO que, por presentado este escrito se sirva admitirlo, tenga por interpuesta reclamación previa contra la mencionada Resolución de [FECHA], recaída en expediente [NÚMERO], sobre denegación de prestación de ingreso mínimo vital, y, previos los trámites de rigor, dicte nueva reclamación estimatoria por la que anulando y dejando sin efecto la impugnada me reconozca la prestación solicitada en cuantía de [CANTIDAD] euros. **(6)**

En [LOCALIDAD], a [DÍA] de [MES] de [AÑO]. **(7)**

[FIRMA]

---

(1) Especificar el incumplimiento de requisitos asociados a la consideración de unidad de convivencia citado en la resolución del INSS para denegar la prestación.

(2) El art. 6 de la LIMV define la unidad de convivencia y establece sus requisitos a efectos de la prestación por IMV.

(3) En los supuestos previstos en los párrafos b) y c) únicamente cabrá la consideración como unidad independiente durante los tres años siguientes a la fecha en que se hubieran producido los hechos indicados en cada uno de ellos.

(4) Se razonará sobre la violación, interpretación errónea o aplicación indebida de las normas reguladoras de la prestación cuyo reconocimiento se pretende, así como del derecho a su reconocimiento. Especificar las alegaciones sobre la causa de denegación. Se pondrá de manifiesto los errores de hecho en los que la resolución incurra, con referencia expresa, en su caso, a las pruebas obrantes en el expediente administrativo o que se acompañen a la reclamación.

(5) El art. 21.4 de la LIMV fija la acreditación de los requisitos para la existencia de la unidad de convivencia.

(6) La cuantía mensual de la prestación de ingreso mínimo vital que corresponde a la persona beneficiaria individual o a la unidad de convivencia vendrá determinada por la diferencia entre la cuantía de la renta garantizada, según lo establecido en el apartado siguiente, y el conjunto de todas las rentas e ingresos de la persona beneficiaria o de los miembros que componen esa unidad de convivencia del ejercicio anterior, en los términos establecidos en los arts. 11, 16 y 19 de la Ley 19/2021, de 20 de diciembre, siempre que la cuantía resultante sea igual o superior a 10 euros mensuales (art. 13 de la Ley 19/2021, de 20 de diciembre).

(7) El INSS tiene un plazo de 45 días hábiles para contestar. En caso contrario deberá interponer una demanda judicial.

Modelo de reclamación administrativa previa ante negativa de prestación por IMV (incumplimiento requisitos asociados a la residencia legal)

La reclamación administrativa previa en materia de prestaciones de Seguridad Social es el agotamiento de la vía administrativa que sirve de cauce a la impugnación de actos administrativos en materia laboral. Se encuentra regulada en el artículo 71 de la Ley de Jurisdicción Social.

El art. 10.1 de la Ley 19/2021, exige la residencia para la solicitante y convivientes en la unidad a ponderar; pero, respecto de los menores incorporados a la unidad de convivencia por nacimiento o reagrupación familiar de hijos e hijas, y mujeres víctimas de violencia de género y sus hijos, no se exige el plazo de un año de residencia.

El presente modelo genérico de reclamación administrativa permite al prestacionista reclamar la denegación de IMV basándose en elegibilidad y cumplimiento de requisitos legales, solicitando revisión y reconocimiento de la prestación.

A LA DIRECCIÓN PROVINCIAL DE LA SEGURIDAD SOCIAL DE [PROVINCIA]

D./D.ª [NOMBRE_PRESTACIONISTA], con DNI n.º [DNI], y domicilio a efectos de notificación en [DOMICILIO], tlf.: [NÚMERO], fax: [NÚMERO], e-mail: [CORREO_ELECTRONICO], y afiliado a la Seguridad Social con el n.º [NÚM_SEG_SOCIAL_TRABAJADOR], ante la Dirección Provincial de [PROVINCIA] comparezco y, como mejor proceda en derecho,

DIGO

Que el día [DÍA] de [MES] de [AÑO] me ha sido notificada Resolución de [DÍA] de [MES] de [AÑO], de esta Dirección Provincial de la Seguridad Social, dictada en expediente núm. [ESPECIFICAR] por la que se deniega la prestación de ingreso mínimo vital (IMV) aludiendo [DESCRIPCIÓN]. **(1)**

Que, por medio del presente escrito, dentro del plazo de los treinta días desde la notificación de la citada resolución, de conformidad con el apartado 2 del artículo 71 de la Ley de la Jurisdicción Social, interpongo contra la misma **RECLAMACIÓN ADMINISTRATIVA PREVIA** con fundamento en las siguientes:

ALEGACIONES

PRIMERA. Al amparo del vigente **art. 10 de la Ley 19/2021, de 20 de diciembre, por la que se establece el ingreso mínimo vital (LIMV)**, todas las personas beneficiarias, estén o no integradas en una unidad de convivencia, deberán tener residencia legal y efectiva en España: **(2)**

«(...) y haberla tenido de forma continuada e ininterrumpida durante al menos el año inmediatamente anterior a la fecha de presentación de la solicitud. No se exigirá este plazo respecto de:

1.º Los menores incorporados a la unidad de convivencia por nacimiento, adopción, reagrupación familiar de hijos e hijas, guarda con fines de adopción o acogimiento familiar permanente.

2.º Las personas víctimas de trata de seres humanos y de explotación sexual.

3.º Las mujeres víctimas de violencia de género.

A efectos del mantenimiento del derecho a esta prestación, se entenderá que una persona tiene su residencia habitual en España aun cuando haya tenido estancias en el extranjero, siempre que estas no superen los noventa días naturales a lo largo de cada año natural o cuando la ausencia del territorio español esté motivada por causas de enfermedad debidamente justificadas».

De conformidad con el art. 10 transcrito supra en consonancia con el **art. 21 de la citada LIMV**, la residencia legal en España se acreditará «(…) mediante la inscripción en el registro central de extranjeros, en el caso de nacionales de los Estados miembros de la Unión Europea, Espacio Económico Europeo o la Confederación Suiza, o con tarjeta de familiar de ciudadano de la Unión o autorización de residencia, en cualquiera de sus modalidades, en el caso de extranjeros de otra nacionalidad.

Las personas víctimas de trata de seres humanos y de explotación sexual, así como sus hijos, podrán acreditar la residencia legal en España con la autorización provisional de residencia expedida por la Secretaría de Estado de Seguridad del Ministerio del Interior por colaboración con las autoridades policiales o judiciales, o expedida por la Secretaría de Estado de Migraciones en atención a la situación personal de la víctima.

Las mujeres víctimas de violencia de género y sus hijos podrán acreditar la residencia legal en España con la autorización provisional de residencia expedida por la autoridad que sea competente para otorgar la autorización de residencia por circunstancias excepcionales, en tanto se resuelve sobre esta última autorización».

En este caso, D./D.ª [NOMBRE_PRESTACIONISTA], y su unidad de convivencia formada por D./D.ª [NOMBRE_PRESTACIONISTA] y D./D.ª [NOMBRE_PRESTACIONISTA] cumplen el requisito de residencia legal en España ya que [DESCRIPCIÓN] (3). La situación debatida se demuestra mediante [DESCRIPCIÓN]. (4)

SEGUNDA. La propia norma también especifica que las personas beneficiarias deberán cumplir los requisitos de acceso a la prestación establecidos en el art. 10 de la Ley 19/2021, de 20 de diciembre, así como las obligaciones para el mantenimiento del derecho establecidas en el art. 36 de la reiterada Ley 19/2021, de 20 de diciembre.

En este caso, [DESCRIPCIÓN]. (3)

Por lo expuesto,

SOLICITO que, por presentado este escrito se sirva admitirlo, tenga por interpuesta reclamación previa contra la mencionada Resolución de [FECHA], recaída en expediente [NÚMERO], sobre denegación de prestación de ingreso mínimo vital, y, previos los trámites de rigor, dicte nueva reclamación estimatoria por la que anulando y dejando sin efecto la impugnada me reconozca la prestación solicitada en cuantía de [CANTIDAD] euros. (5)

En [LOCALIDAD], a [DÍA] de [MES] de [AÑO]. (5)

[FIRMA]

---

(1) Especificar el incumplimiento de requisitos asociados a la consideración de residencia legal y efectiva en España según el art. 10.1.a) de la LIMV.

(2) El art. 6 de la LIMV define la unidad de convivencia y establece sus requisitos a efectos de la prestación por IMV.

(3) Se razonará sobre la violación, interpretación errónea o aplicación indebida de las normas reguladoras de la prestación cuyo reconocimiento se pretende, así como del derecho a su

reconocimiento. Especificar las alegaciones sobre la causa de denegación. Se pondrá de manifiesto los errores de hecho en los que la resolución incurra, con referencia expresa, en su caso, a las pruebas obrantes en el expediente administrativo o que se acompañen a la reclamación.

(4) El art. 21.2 de la LIMV fija la acreditación de los requisitos para la existencia de residencia legal en España.

(5) La cuantía mensual de la prestación de ingreso mínimo vital que corresponde a la persona beneficiaria individual o a la unidad de convivencia vendrá determinada por la diferencia entre la cuantía de la renta garantizada, según lo establecido en el apartado siguiente, y el conjunto de todas las rentas e ingresos de la persona beneficiaria o de los miembros que componen esa unidad de convivencia del ejercicio anterior, en los términos establecidos en los arts. 11, 16 y 19 de la Ley 19/2021, de 20 de diciembre, siempre que la cuantía resultante sea igual o superior a 10 euros mensuales (art. 13 de la Ley 19/2021, de 20 de diciembre).

(6) El INSS tiene un plazo de 45 días hábiles para contestar. En caso contrario deberá interponer una demanda judicial.

Modelo de reclamación administrativa previa ante negativa de prestación por IMV (incumplimiento requisitos asociados a la situación de vulnerabilidad económica)

La reclamación administrativa previa en materia de prestaciones de Seguridad Social es el agotamiento de la vía administrativa que sirve de cauce a la impugnación de actos administrativos en materia laboral. Se encuentra regulada en el artículo 71 de la Ley de Jurisdicción Social.

El derecho al ingreso mínimo vital se configura en función de la situación de vulnerabilidad económica. A estos efectos, se va a considerar que se da esta situación cuando el promedio mensual del conjunto de ingresos y rentas anuales computables de la persona beneficiaria individual o del conjunto de miembros de la unidad de convivencia, correspondientes al ejercicio anterior, sea al menos 10 euros inferior al nivel de renta garantizada para cada supuesto previsto, en función de las características de la persona beneficiaria individual o la unidad de convivencia, requiriéndose además que su patrimonio, excluida la vivienda habitual, sea inferior a los límites establecidos en la LIMV Asimismo, se permite la solicitud de la prestación cuando no se reúna el requisito de vulnerabilidad económica en el ejercicio anterior, pero ésta haya sobrevenido durante el año en curso.

El presente modelo genérico de reclamación administrativa permite al prestacionista reclamar la denegación de IMV basándose en elegibilidad y cumplimiento de requisitos legales, solicitando revisión y reconocimiento de la prestación.

A LA DIRECCIÓN PROVINCIAL DE LA SEGURIDAD SOCIAL DE [PROVINCIA]

D./D.ª [NOMBRE_PRESTACIONISTA], con DNI n.º [DNI], y domicilio a efectos de notificación en [DOMICILIO], tlf.: [NÚMERO], fax: [NÚMERO], e-mail: [CORREO_ ELECTRONICO], y afiliado a la Seguridad Social con el n.º [NÚM_SEG_SOCIAL_TRA-BAJADOR], ante la Dirección Provincial de [PROVINCIA] comparezco y, como mejor proceda en derecho,

DIGO

Que el día [DÍA] de [MES] de [AÑO] me ha sido notificada Resolución de [DÍA] de [MES] de [AÑO], de esta Dirección Provincial de la Seguridad Social, dictada en expediente núm. [ESPECIFICAR] por la que se deniega la prestación de ingreso mínimo vital (IMV) aludiendo [DESCRIPCIÓN]. **(1)**

Que, por medio del presente escrito, dentro del plazo de los treinta días desde la notificación de la citada resolución, de conformidad con el apartado 2 del artículo 71 de la Ley de la Jurisdicción Social, interpongo contra la misma **RECLAMACIÓN ADMINISTRATIVA PREVIA** con fundamento en las siguientes:

ALEGACIONES

PRIMERA. Al amparo de los vigentes **arts. 10 y 11 de la Ley 19/2021, de 20 de diciembre, por la que se establece el ingreso mínimo vital (LIMV)**, el derecho a la prestación se configura en función de la situación de vulnerabilidad económica. A estos efectos, se va a considerar que se da esta situación cuando el promedio mensual del conjunto de ingresos y rentas anuales computables de la persona beneficiaria individual o del conjunto de miembros de la unidad de convivencia, correspondientes al ejercicio anterior, sea al menos 10 euros inferior al nivel de renta garantizada para cada supuesto previsto, en función de las características de la persona beneficiaria individual o la unidad de convivencia, requiriéndose además que su patrimonio, excluida la vivienda habitual, sea inferior a los límites establecidos en la LIMV. **(2)**

De conformidad con el art. 10 de la LIMV, todas las personas beneficiarias, estén o no integradas en una unidad de convivencia, deberán encontrarse en situación de vulnerabilidad económica por carecer de rentas, ingresos o patrimonio suficientes, en los términos establecidos en el artículo 11 del mismo texto legal, donde se especifica que para la determinación de la situación de vulnerabilidad económica:

> «(...) se tomará en consideración la capacidad económica de la persona solicitante beneficiaria individual o, en su caso, de la unidad de convivencia en su conjunto, computándose los recursos de todos sus miembros.
>
> 2. Se apreciará que concurre este requisito cuando el promedio mensual del conjunto de ingresos y rentas anuales computables de la persona beneficiaria individual o del conjunto de miembros de la unidad de convivencia, correspondientes al ejercicio anterior, en los términos establecidos en el artículo 20, sea inferior, al menos en 10 euros, a la cuantía mensual de la renta garantizada con esta prestación que corresponda en función de la modalidad y del número de miembros de la unidad de convivencia en los términos del artículo 13.
>
> 3. No se apreciará que concurre este requisito cuando la persona beneficiaria individual sea titular de un patrimonio neto valorado, de acuerdo con los criterios que se contemplan en el artículo 20, en un importe igual o superior a tres veces la cuantía correspondiente de renta garantizada por el ingreso mínimo vital para una persona beneficiaria individual. En el caso de las unidades de convivencia, se entenderá que no concurre este requisito cuando sean titulares de un patrimonio neto valorado en un importe igual o superior a la cuantía resultante de aplicar la escala de incrementos que figura en el anexo II.
>
> No obstante, quedarán excluidos del acceso al ingreso mínimo vital, independientemente de la valoración del patrimonio neto, las personas beneficiarias individuales o las unidades de convivencia, que poseen activos no societarios sin vivienda habitual por un valor superior al establecido en el anexo III.
>
> Igualmente quedarán excluidos del acceso al ingreso mínimo vital, independientemente de la valoración del patrimonio neto, las personas beneficiarias individuales o las personas que se integren en una unidad de convivencia en la que cualquiera de sus miembros sea administrador de derecho de una sociedad mercantil que no haya cesado en su actividad.
>
> 4. Con el fin de que la percepción del ingreso mínimo vital no desincentive la participación en el mercado laboral, la percepción del ingreso mínimo vital será compatible con las rentas del trabajo o la actividad económica por cuenta propia de la persona beneficiaria individual o, en su caso, de uno o varios miembros de la unidad de convivencia en los términos y con los límites que reglamentariamente se establezcan. En estos casos, se establecerán las condiciones en las que la superación en un ejercicio de los límites de rentas establecidos en el punto 2 del presente artículo por esta causa no suponga la pérdida del derecho a la percepción del ingreso mínimo vital en el ejercicio siguiente.

Este desarrollo reglamentario, en el marco del diálogo con las organizaciones empresariales y sindicales más representativas, prestará especial atención a la participación de las personas con discapacidad y las familias monoparentales.

5. Cuando no se reúna el requisito de vulnerabilidad económica en el ejercicio anterior, se podrá solicitar desde el 1 de abril hasta el 31 de diciembre del año en curso el reconocimiento del derecho a la prestación de ingreso mínimo vital en aquellos supuestos en los que la situación de vulnerabilidad económica haya sobrevenido durante el año en curso.

Para acreditar la situación de vulnerabilidad económica producida durante el año en curso, se atenderá exclusivamente al cumplimiento del requisito de ingresos de conformidad con lo previsto en el apartado 2 de este artículo, considerando para ello la parte proporcional de los ingresos que haya tenido el beneficiario individual o, en su caso, la unidad de convivencia durante el tiempo transcurrido en el año en curso, de conformidad con los datos obrantes en los ficheros y bases de datos de la Seguridad Social que permitan la verificación de dicha situación, o bien, y en su defecto, lo que figure en la declaración responsable para el año en curso. En todo caso, para el cómputo de las rentas del año en curso no se tendrán en cuenta las prestaciones o subsidios por desempleo, en cualquiera de sus modalidades, incluida la renta activa de inserción, ni la prestación por cese de actividad, percibidas durante dicho año siempre que en el momento de la solicitud de la prestación de ingreso mínimo vital el derecho a aquellas prestaciones o subsidios se haya extinguido por agotamiento, renuncia, o por superar el límite de ingresos previsto, en su caso, para el mantenimiento del derecho y sin que se tenga derecho a una prestación o subsidio. Estos extremos deberán ser acreditados en el momento de la solicitud de la prestación de ingreso mínimo vital mediante el oportuno sistema de interoperabilidad electrónica por medio del cual el Servicio Público de Empleo Estatal, o la entidad gestora de la prestación de cese de actividad, facilite al Instituto Nacional de la Seguridad Social los datos necesarios para su comprobación.

Asimismo, se requerirá que en el ejercicio inmediatamente anterior al de la solicitud el beneficiario individual o, en su caso, la unidad de convivencia, no haya superado los límites de renta y patrimonio, de acuerdo con lo previsto en el artículo 20 y primer párrafo del artículo 21, apartado 7 de la presente ley, establecidos en el anexo IV, de conformidad con la información proporcionada a la entidad gestora de la prestación por la Agencia Estatal de la Administración Tributaria o las haciendas tributarias forales de Navarra y de los territorios históricos del País Vasco.

En todo caso, en el año siguiente al del reconocimiento de la prestación de ingreso mínimo vital al amparo de lo previsto en este apartado, se procederá a la regularización de las cuantías abonadas en relación con los datos de promedio mensual del conjunto de ingresos y rentas anuales computables de la persona beneficiaria individual o del conjunto de miembros de la unidad de convivencia, correspondientes al ejercicio en el que se reconoció la prestación, de conformidad con la información de que dispongan las Administraciones Tributarias, dando lugar, en su caso, a las actuaciones previstas en el artículo 19.

6. Se establece un complemento de ayuda para la infancia para aquellas unidades de convivencia que incluyan menores de edad entre sus miembros, siempre que en el ejercicio inmediatamente anterior al de la solicitud los ingresos computables, de acuerdo con lo dispuesto en el artículo 20 de la presente Ley, sean inferiores al 300% de los umbrales del anexo I y el patrimonio neto sea inferior al 150% de los límites fijados en el anexo II, cumpliendo el test de activos definido en el anexo III.

El complemento consistirá en una cuantía mensual por cada menor de edad miembro de la unidad de convivencia en función de la escala prevista en el artículo 13.2.e).».

En este caso, D./D.ª [NOMBRE_PRESTACIONISTA], y su unidad de convivencia formada por D./D.ª [NOMBRE_PRESTACIONISTA] y D./D.ª [NOMBRE_PRESTACIONISTA] cumplen el requisito de vulnerabilidad económica ya que [DESCRIPCIÓN] **(3)**. La situación debatida se demuestra mediante [DESCRIPCIÓN]. **(4)**

SEGUNDA. La propia norma también especifica que las personas beneficiarias deberán cumplir los requisitos de acceso a la prestación establecidos en el art. 10 de la Ley 19/2021, de 20 de diciembre, así como las obligaciones para el mantenimiento del derecho establecidas en el art. 36 de la reiterada Ley 19/2021, de 20 de diciembre.

En este caso, [DESCRIPCIÓN]. **(3)**

Por lo expuesto,

SOLICITO que, por presentado este escrito se sirva admitirlo, tenga por interpuesta reclamación previa contra la mencionada Resolución de [FECHA], recaída en expediente [NÚMERO], sobre denegación de prestación de ingreso mínimo vital, y, previos los trámites de rigor, dicte nueva reclamación estimatoria por la que anulando y dejando sin efecto la impugnada me reconozca la prestación solicitada en cuantía de [CANTIDAD] euros. **(5)**

En [LOCALIDAD], a [DÍA] de [MES] de [AÑO]. **(5)**

[FIRMA]

---

(1) Especificar el incumplimiento de requisitos asociados a la consideración de situación de vulnerabilidad económica según el art. 11 de la LIMV.

(2) Asimismo, se permite la solicitud de la prestación cuando no se reúna el requisito de vulnerabilidad económica en el ejercicio anterior, pero ésta haya sobrevenido durante el año en curso

(3) Se razonará sobre la violación, interpretación errónea o aplicación indebida de las normas reguladoras de la prestación cuyo reconocimiento se pretende, así como del derecho a su reconocimiento. Los requisitos de ingresos y patrimonio establecidos en la LIMV para el acceso y mantenimiento de la prestación económica de ingreso mínimo vital, se realizará por la entidad gestora conforme a la información que se recabe por medios telemáticos de la Agencia Estatal de Administración Tributaria y en las Haciendas Tributarias Forales de Navarra y de los territorios históricos del País Vasco. A tales efectos, se tomará como referencia la información que conste en esas Haciendas Públicas respecto del ejercicio anterior a aquel en el que se realiza esa actividad de reconocimiento o control, o en su defecto, la información que conste más actualizada en dichas administraciones públicas.

(4) El art. 20 de la LIMV fija las reglas para el cómputo el cómputo de los ingresos del ejercicio anterior.

(5) La cuantía mensual de la prestación de ingreso mínimo vital que corresponde a la persona beneficiaria individual o a la unidad de convivencia vendrá determinada por la diferencia entre la cuantía de la renta garantizada, según lo establecido en el apartado siguiente, y el conjunto de todas las rentas e ingresos de la persona beneficiaria o de los miembros que componen esa unidad de convivencia del ejercicio anterior, en los términos establecidos en los arts. 11, 16 y 19 de la Ley 19/2021, de 20 de diciembre, siempre que la cuantía resultante sea igual o superior a 10 euros mensuales (art. 13 de la Ley 19/2021, de 20 de diciembre).

(6) El INSS tiene un plazo de 45 días hábiles para contestar. En caso contrario deberá interponer una demanda judicial.

Modelo de reclamación administrativa previa ante negativa del complemento de grado de discapacidad del IMV

El art. 13 de la LIMV enumera una serie de complementos que incrementan la cuantía de la renta garantizada para un beneficiario del IMV, y se definen los requisitos que se han de cumplir para su reconocimiento. Los mencionados complementos se otorgan por las siguientes causas:

- **Por tener reconocido un grado de discapacidad igual o superior al sesenta y cinco por ciento.**
- Por tener la condición de familia monoparental.
- Por formar parte de la unidad de convivencia personas que sean menores de edad (ayuda para la infancia).

A LA DIRECCIÓN PROVINCIAL DE LA SEGURIDAD SOCIAL DE [PROVINCIA]

D./D.ª [NOMBRE_PRESTACIONISTA], con DNI n.º [DNI], y domicilio a efectos de notificación en [DOMICILIO], tlf.: [NÚMERO], fax: [NÚMERO], e-mail: [CORREO_ELECTRONICO], y afiliado a la Seguridad Social con el n.º [NÚM_SEG_SOCIAL_TRABAJADOR], ante la Dirección Provincial de [PROVINCIA] comparezco y, como mejor proceda en derecho,

DIGO

Que el día [DÍA] de [MES] de [AÑO] me ha sido notificada Resolución de [DÍA] de [MES] de [AÑO], de esta Dirección Provincial de la Seguridad Social, dictada en expediente núm. [ESPECIFICAR] por la que se **deniega el complemento por tener reconocido un grado de discapacidad igual o superior al sesenta y cinco por ciento asociado a la prestación de ingreso mínimo vital (IMV)** aludiendo [DESCRIPCIÓN]. **(1)**

Que, por medio del presente escrito, dentro del plazo de los treinta días desde la notificación de la citada resolución, de conformidad con el apartado 2 del artículo 71 de la Ley de la Jurisdicción Social, interpongo contra la misma **RECLAMACIÓN ADMINISTRATIVA PREVIA** con fundamento en las siguientes:

ALEGACIONES

PRIMERA. De conformidad con lo establecido en los **artículos 15 y 16 de la Ley 19/2021, de 20 de diciembre, por la que se establece el ingreso mínimo vital (LIMV)**, el derecho a percibir los complementos por tener reconocido la persona un grado de discapacidad igual o superior al sesenta y cinco por ciento se regula en los arts. 13 y 21 de dicha norma:

Artículo 13. Determinación de la cuantía.

(...)

«2. A los efectos señalados en el apartado anterior, se considera renta garantizada:

a) En el caso de una persona beneficiaria individual, la cuantía mensual de renta garantizada ascenderá al 100 por ciento del importe anual de las pensiones no contributivas fijadas anualmente en la Ley de Presupuestos Generales del Estado, dividido por doce.

A esta cantidad se sumará un complemento equivalente a un 22 por ciento en el supuesto de que el beneficiario individual tenga un grado de discapacidad reconocido igual o superior al sesenta y cinco por ciento.

(...)

d) Igualmente, a la cuantía mensual establecida en la letra b) se sumará un complemento equivalente a un 22 por ciento de la cuantía establecida en la letra a) en el supuesto de que en la unidad de convivencia esté incluida alguna persona con un grado de discapacidad reconocida igual o superior al sesenta y cinco por ciento».

Artículo 21. Acreditación de los requisitos.

(...)

«La condición de discapacidad igual o superior al 65% se acreditará con certificado del órgano competente de las comunidades autónomas y del IMSERSO en Ceuta y Melilla».

De esta forma, la norma reconoce a las personas beneficiarias del ingreso mínimo vital que tengan un grado de discapacidad igual o superior al 65 % un incremento en un 22 por 100 en la cuantía del Ingreso Mínimo Vital.

SEGUNDA. Se considera unidad de convivencia la constituida por todas las personas que residan en un mismo domicilio y que estén unidas entre sí por vínculo matrimonial, como pareja de hecho o por vínculo hasta el segundo grado de consanguinidad, afinidad, adopción, y otras personas con las que convivan en virtud de guarda con fines de adopción o acogimiento familiar permanente. **(2)**

La misma norma considera la existencia de unidad de convivencia en supuestos como: [DESCRIPCIÓN]. **(2)**

En el presente caso, la existencia de la unidad de convivencia se acredita con el libro de familia, certificado del registro civil, y con los datos obrantes en los Padrones municipales relativos a los inscritos en la misma vivienda. **(3)**

TERCERA. La cuantía mensual de la prestación de ingreso mínimo vital que corresponde a la persona beneficiaria individual o a la unidad de convivencia vendrá determinada por la diferencia entre la cuantía de la renta garantizada, según lo establecido en el apartado siguiente, y el conjunto de todas las rentas e ingresos de la persona beneficiaria o de los miembros que componen esa unidad de convivencia del ejercicio anterior, en los términos establecidos en los arts. 11, 16 y 19 de la Ley 19/2021, de 20 de diciembre, siempre que la cuantía resultante sea igual o superior a 10 euros mensuales (art. 13 de la Ley 19/2021, de 20 de diciembre).

Sobre esta cuantía, el complemento por discapacidad se concede a aquellas unidades de convivencia en las que uno de sus miembros tiene una discapacidad reconocida igual o superior al 65 %. **Este complemento supone un incremento del 22 por ciento en el supuesto de que el beneficiario individual tenga un grado de discapacidad reconocido igual o superior al sesenta y cinco por ciento.**

CUARTO. En este caso, D./D.ª [NOMBRE_PRESTACIONISTA], y su unidad de convivencia formada por D./D.ª [NOMBRE_PRESTACIONISTA] y D./D.ª [NOMBRE_PRESTACIONISTA] no solo cumplen todos los requisitos de unidad de convivencia, vulnerabilidad económica y para ser beneficiarios de la prestación del ingreso mínimo vital, sino que también D./D.ª [NOMBRE_PRESTACIONISTA] tiene una discapacidad [DESCRIPCIÓN]. **(4)**

En este caso, la situación se acredita en tiempo y forma mediante [DESCRIPCIÓN]. **(5)**

La resolución impugnada establece la concesión del IMV teniendo en cuenta los límites máximos sobre ingresos computables, patrimonio neto y test de activos, pero obviando la necesidad de incluir el complemento por tener reconocido un grado de discapacidad igual o superior al sesenta y cinco por ciento aludiendo [DESCRIPCIÓN] **(1)**. Lo que a la vista de la documentación aportada en su momento no es acorde a derecho ya que evidencia que el INSS no ha tenido en cuenta [DESCRIPCIÓN].

Por lo expuesto,

SOLICITO que, por presentado este escrito se sirva admitirlo, tenga por interpuesta reclamación previa contra la mencionada Resolución de [FECHA], recaída en expediente [NÚMERO], sin tener en cuenta el complemento por discapacidad asociado a la prestación de ingreso mínimo vital, y, previos los trámites de rigor, dicte nueva reclamación estimatoria por la que anulando y dejando sin efecto la impugnada me reconozca la prestación solicitada en cuantía de [CANTIDAD] euros.

En [LOCALIDAD], a [DÍA] de [MES] de [AÑO]. **(4)**

[FIRMA]

---

(1) Hacer referencia al motivo aludido por el INSS para la denegación del complemento de grado de discapacidad reconocido. Téngase en cuenta que para ser beneficiario del IMV, las personas con discapacidad tienen que cumplir los mismos requisitos y exigencias que las personas sin discapacidad. Lo único que podría variar sería la cuantía recibida.

(2) Seguir los arts. 6 y 7 de la LIMV donde se define la unidad de convivencia y sus situaciones especiales.

(3) La existencia de la unidad de convivencia se acreditará siguiendo lo establecido en el art. 21.4 de la LIMV.

(4) Especificar el porcentaje de discapacidad igual o superior al 65 %.

(5) El art. 21.6 de la LIMV establece que la condición de discapacidad igual o superior al 65 % se acreditará con certificado del órgano competente de las comunidades autónomas y del IMSERSO en Ceuta y Melilla.

(6) El INSS tiene un plazo de 45 días hábiles para contestar. En caso contrario deberá interponer una demanda judicial.

Modelo de reclamación administrativa previa ante negativa del complemento de ayuda para la infancia del IMV

El complemento de ayuda para la infancia forma parte del Ingreso Mínimo Vital (IMV) y conlleva una cantidad mensual por cada menor de edad miembro de la unidad de convivencia en función de la edad. Para percibirlo, se establecen los umbrales de renta y patrimonio neto del 300 % de los límites del anexo I y del 150 % de los límites del anexo II, respectivamente, cumpliendo con el test de activos del anexo III de la Ley 19/2021, de 20 de diciembre.

Esta prestación se puede conceder de forma independiente al IMV.

Modelo de reclamación administrativa previa ante negativa del complemento de ayuda para la infancia del Ingreso Mínimo Vital.

A LA DIRECCIÓN PROVINCIAL DE LA SEGURIDAD SOCIAL DE [PROVINCIA]

D./D.ª [NOMBRE_PRESTACIONISTA], con DNI n.º [DNI], y domicilio a efectos de notificación en [DOMICILIO], tlf.: [NÚMERO], fax: [NÚMERO], e-mail: [CORREO_ELECTRONICO], y afiliado a la Seguridad Social con el n.º [NÚM_SEG_SOCIAL_TRABAJADOR], ante la Dirección Provincial de [PROVINCIA] comparezco y, como mejor proceda en derecho,

DIGO

Que el día [DÍA] de [MES] de [AÑO] me ha sido notificada Resolución de [DÍA] de [MES] de [AÑO], de esta Dirección Provincial de la Seguridad Social, dictada en expediente núm. [NÚMERO] por la que se **deniega el complemento de ayuda para la Infancia del Ingreso Mínimo Vital (IMV)** aludiendo [DESCRIPCIÓN]. **(1)**

Que, por medio del presente escrito, dentro del plazo de los treinta días desde la notificación de la citada resolución, de conformidad con el apartado 2 del artículo 71 de la Ley de la Jurisdicción Social, interpongo contra la misma **RECLAMACIÓN ADMINISTRATIVA PREVIA** con fundamento en las siguientes:

ALEGACIONES

PRIMERA. El art. 11 y la D.A. 10.ª de la Ley 19/2021, de 20 de diciembre, por la que se establece el ingreso mínimo vital regulan el reconocimiento del complemento de ayuda para la infancia para aquellas unidades de convivencia que incluyan menores de edad entre sus miembros, siempre que en el ejercicio inmediatamente anterior al de la solicitud los ingresos computables, de acuerdo con lo dispuesto en el artículo 20 de la citada Ley, sean inferiores al 300 % de los umbrales del anexo I y el patrimonio neto sea inferior al 150 % de los límites fijados en el anexo II, cumpliendo el test de activos definido en el anexo III.

La propia norma especifica, por tanto, que las personas beneficiarias deberán cumplir los requisitos de cómputo de los ingresos y patrimonio en el año anterior a la solicitud teniendo en cuenta para el cálculo las escalas de renta garantizada, límite de patrimonio aplicable y límites de renta y patrimonio según el tipo de unidad de convivencia.

SEGUNDA. En el caso de este reclamante, según los datos aportados por la TGSS para el cómputo de los **ingresos computables, patrimonio neto y test de activos necesarios** para lucrar el complemento de ayuda para la infancia aplicables al año [AÑO] deben tomarse:

— Ingresos inferiores al 300 % de los umbrales establecidos en la escala de incrementos para el cálculo de la renta garantizada según el tipo de unidad de convivencia:

- Tipo de unidad económica: [DESCRIPCIÓN].
- Escala de incrementos: [PORCENTAJE] %.
- Límite de ingresos anual: [CANTIDAD] euros.

— Patrimonio neto inferior al 150 % de los límites fijados en la escala de incrementos para el cálculo del límite de patrimonio aplicable según el tipo de unidad de convivencia:

- Tipo de unidad económica: [DESCRIPCIÓN].
- Escala de incrementos: [PORCENTAJE] %.
- Patrimonio: [CANTIDAD] euros.

— Test de activos cuyo límite para un adulto será de 6 veces la renta garantizada, con una escala de incrementos igual a la del límite de rentas según el tipo de unidad de convivencia:

- Tipo de unidad económica: [DESCRIPCIÓN].
- Escala de incrementos: [PORCENTAJE] %.
- Test de activos: [CANTIDAD] euros.

El cómputo de los requisitos de ingresos y patrimonio establecidos para el acceso al complemento de ayuda para la Infancia del Ingreso Mínimo Vital se realiza conforme a la información de la Agencia Estatal de Administración Tributaria respecto del ejercicio anterior. Donde constan los siguientes datos: [DESCRIPCIÓN]. **(2)**

TERCERA. Se considera **unidad de convivencia** la constituida por todas las personas que residan en un mismo domicilio y que estén unidas entre sí por vínculo matrimonial, como pareja de hecho o por vínculo hasta el segundo grado de consanguinidad, afinidad, adopción, y otras personas con las que convivan en virtud de guarda con fines de adopción o acogimiento familiar permanente. **(3)**

La misma norma considera la existencia de unidad de convivencia en supuestos como: [DESCRIPCIÓN]. **(3)**

En el presente caso, la existencia de la unidad de convivencia se acredita con el libro de familia, certificado del registro civil, y con los datos obrantes en los Padrones municipales relativos a los inscritos en la misma vivienda **(4)**. Donde constan D./D.ª [NOMBRE_HIJO_O_HIJA], de [EDAD] años, D./D.ª [NOMBRE_HIJO_O_HIJA], de [EDAD] años y D./D.ª [NOMBRE_HIJO_O_HIJA], de [EDAD] años. **(5)**

CUARTA. Al amparo de los datos anteriores y la documentación justificativa de los mismos **la denegación por parte del INSS del complemento de ayuda para la Infancia del Ingreso Mínimo Vital en este caso no es acorde a Derecho** toda vez que [DESCRIPCIÓN]. **(6)**

Por lo expuesto,

SOLICITO que, por presentado este escrito se sirva admitirlo, tenga por interpuesta reclamación previa contra la mencionada Resolución de [FECHA], recaída en expediente [NÚMERO], sobre denegación de complemento de ayuda para la Infancia del Ingreso Mínimo Vital, y, previos los trámites de rigor, dicte nueva reclamación estimatoria por la que anulando y dejando sin efecto la impugnada me reconozca la prestación solicitada en cuantía de [CANTIDAD] euros. **(7)**

En [LOCALIDAD], a [DÍA] de [MES] de [AÑO].

[FIRMA]

---

(1) Hacer referencia al motivo aludido por el INSS para la denegación del complemento de grado de discapacidad reconocido.

(2) Para el cómputo de ingresos se tendrán en cuenta los obtenidos por los beneficiarios durante el ejercicio anterior a la solicitud (art. 20 de la LIMV).

(3) Seguir los arts. 6 y 7 de la LIMV donde se define la unidad de convivencia y sus situaciones especiales.

(4) La existencia de la unidad de convivencia se acreditará siguiendo lo establecido en el art. 21.4 de la LIMV.

(5) Indicar si se trata de menores de tres años, mayores de tres años y menores de seis años o mayores de seis años y menores de 18 años.

(6) Hacer referencia a la violación, interpretación errónea o aplicación indebida de las normas reguladoras de la prestación, así como del derecho a su reconocimiento.

(7) El INSS tiene un plazo de 45 días hábiles para contestar. En caso contrario deberá interponer una demanda judicial.

Modelo de reclamación administrativa previa ante negativa del complemento de familia monoparental del IMV

Los hogares pueden solicitar el IMV de manera individual o como parte de una unidad de convivencia. Esta prestación protege especialmente a los hogares monoparentales, estableciendo un complemento de monoparentalidad del 22 por ciento de la cuantía mensual de la pensión no contributiva unipersonal.

A LA DIRECCIÓN PROVINCIAL DE LA SEGURIDAD SOCIAL DE [PROVINCIA]

D./D.ª [NOMBRE_PRESTACIONISTA], con DNI n.º [DNI], y domicilio a efectos de notificación en [DOMICILIO], tlf.: [NÚMERO], fax: [NÚMERO], e-mail: [CORREO_ELECTRONICO], y afiliado a la Seguridad Social con el n.º [NÚM_SEG_SOCIAL_TRABAJADOR], ante la Dirección Provincial de [PROVINCIA] comparezco y, como mejor proceda en derecho,

DIGO

Que el día [DÍA] de [MES] de [AÑO] me ha sido notificada Resolución de [DÍA] de [MES] de [AÑO], de esta Dirección Provincial de la Seguridad Social, dictada en expediente núm. [NÚMERO] por la que se **deniega el complemento de unidad de convivencia monoparental del Ingreso Mínimo Vital (IMV)** aludiendo [DESCRIPCIÓN]. **(1)**

Que, por medio del presente escrito, dentro del plazo de los treinta días desde la notificación de la citada resolución, de conformidad con el apartado 2 del artículo 71 de la Ley de la Jurisdicción Social, interpongo contra la misma **RECLAMACIÓN ADMINISTRATIVA PREVIA** con fundamento en las siguientes:

ALEGACIONES

PRIMERA. El art. 13.2 de la Ley 19/2021, de 20 de diciembre, por la que se establece el ingreso mínimo vital regula, a los efectos de la cuantía correspondiente por el IMV como renta garantizada:

«2. A los efectos señalados en el apartado anterior, se considera renta garantizada:

a) En el caso de una persona beneficiaria individual, la cuantía mensual de renta garantizada ascenderá al 100 por ciento del importe anual de las pensiones no contributivas fijadas anualmente en la Ley de Presupuestos Generales del Estado, dividido por doce.

A esta cantidad se sumará un complemento equivalente a un 22 por ciento en el supuesto de que el beneficiario individual tenga un grado de discapacidad reconocido igual o superior al sesenta y cinco por ciento.

b) En el caso de una unidad de convivencia la cuantía mensual de la letra a) se incrementará en un 30 por ciento por miembro adicional a partir del segundo hasta un máximo del 220 por ciento.

c) A la cuantía mensual establecida en la letra b) se sumará un complemento de monoparentalidad equivalente a un 22 por ciento de la cuantía establecida en la letra a) en el supuesto de que la unidad de convivencia sea monoparental. A los efectos de determinar la cuantía de la prestación, se entenderá por unidad de convivencia monoparental la constituida por un solo adulto que conviva con uno o más descendientes hasta el segundo grado menores de edad sobre los que tenga la guarda y custodia exclusiva, o que conviva con uno o más menores en régimen de acogimiento familiar permanente o guarda con fines de adopción cuando se trata del único acogedor o guardador, o cuando el otro progenitor, guardador o acogedor se encuentre ingresado en prisión o en un centro hospitalario por un periodo ininterrumpido igual o superior a un año.

En el supuesto de que los descendientes o menores referidos en el párrafo anterior convivan exclusivamente con sus progenitores o, en su caso, con sus abuelos o guardadores o acogedores, se reconocerá el mismo complemento, cuando uno de estos tenga reconocido un grado 3 de dependencia, la incapacidad permanente absoluta o la gran invalidez. También se entenderá como unidad de convivencia monoparental, a efectos de la percepción del indicado complemento, la formada exclusivamente por una mujer que ha sufrido violencia de género, de acuerdo con la Ley Orgánica 1/2004, de 28 de diciembre, de medidas de protección integral contra la violencia de género, y uno o más descendientes hasta el segundo grado, menores de edad, sobre los que tenga la guarda y custodia o, en su caso, uno o más menores en régimen de acogimiento familiar permanente o guarda con fines de adopción.

d) Igualmente, a la cuantía mensual establecida en la letra b) se sumará un complemento equivalente a un 22 por ciento de la cuantía establecida en la letra a) en el supuesto de que en la unidad de convivencia esté incluida alguna persona con un grado de discapacidad reconocida igual o superior al sesenta y cinco por ciento.

e) La cuantía del complemento de ayuda para la infancia contemplada en el artículo 11, apartado 6, será una cantidad mensual por cada menor de edad miembro de la unidad de convivencia, en función de la edad cumplida el día 1 de enero del correspondiente ejercicio, con arreglo a los siguientes tramos: (...)».

La propia norma especifica, por tanto, que las personas beneficiarias deberán cumplir los requisitos de cómputo de los ingresos y patrimonio en el año anterior a la solicitud teniendo en cuenta para el cálculo las escalas de renta garantizada, límite de patrimonio aplicable y límites de renta y patrimonio según el tipo de unidad de convivencia.

SEGUNDA. En el caso de este reclamante, según los datos aportados en el momento de la solicitud, se cumplen los requisitos para ser considerado como una unidad de convivencia monoparental ya que [DESCRIPCIÓN]. **(2)**

TERCERA. El ingreso mínimo vital protege especialmente a los hogares monoparentales, estableciendo un complemento de monoparentalidad del 22 por ciento de la cuantía mensual de la pensión no contributiva unipersonal. Por lo que, al tratarse de una unidad familiar compuesta por un solo adulto conviviente con uno o más descendientes menores de edad hasta el segundo grado sobre los que tenga la guarda y custodia exclusiva **(3)**, la ayuda anual debe elevarse a la cantidad de [CANTIDAD] euros anuales o [CANTIDAD] euros mensuales.

En el presente caso, la existencia de la unidad de convivencia monoparental se acredita con el libro de familia, certificado del registro civil, y con los datos obrantes en los Padrones municipales relativos a los inscritos en la misma vivienda **(4)**. Donde constan D./D.ª [NOMBRE_HIJO_O_HIJA], de [EDAD] años, D./D.ª [NOMBRE_HIJO_O_HIJA], de [EDAD] años y D./D.ª [NOMBRE_HIJO_O_HIJA], de [EDAD] años. **(5)**

CUARTA. Al amparo de los datos anteriores y la documentación justificativa de los mismos **la denegación por parte del INSS del complemento de ayuda para la Infancia del Ingreso Mínimo Vital en este caso no es acorde a Derecho** toda vez que [DESCRIPCIÓN]. **(6)**

Por lo expuesto,

SOLICITO que, por presentado este escrito se sirva admitirlo, tenga por interpuesta reclamación previa contra la mencionada Resolución de [FECHA], recaída en expediente [NÚMERO], sobre denegación de complemento de monoparentalidad del Ingreso Mínimo Vital, y, previos los trámites de rigor, dicte nueva reclamación estimatoria por la que anulando y dejando sin efecto la impugnada me reconozca la prestación solicitada en cuantía de [CANTIDAD] euros. **(7)**

En [LOCALIDAD], a [DÍA] de [MES] de [AÑO].

[FIRMA]

---

(1) Hacer referencia al motivo aludido por el INSS para la denegación del complemento de monoparentalidad establecido en el art. 13.2.c) de la LIMV.

(2) Especificar las características que suponen la consideración de un hogar monoparental.

(3) Este complemento también es válido cuando uno de los progenitores se encuentre ingresado en prisión o en un centro hospitalario por un período ininterrumpido igual o superior a un año. También cuando uno de los responsables legales tenga un grado 3 de dependencia, incapacidad permanente absoluta o gran invalidez, o si la única adulta de la unidad de convivencia es una víctima de violencia de género. Seguir los arts. 6 y 7 de la LIMV donde se define la unidad de convivencia y sus situaciones especiales.

(4) La existencia de la unidad de convivencia se acreditará siguiendo lo establecido en el art. 21.4 de la LIMV.

(5) Indicar nombres de hijos/as según corresponda.

(6) Hacer referencia a la violación, interpretación errónea o aplicación indebida de las normas reguladoras de la prestación, así como del derecho a su reconocimiento.

(7) El INSS tiene un plazo de 45 días hábiles para contestar. En caso contrario deberá interponer una demanda judicial.

Demanda genérica ante denegación de prestación por Ingreso Mínimo Vital

El presente modelo permite la demanda contra el INSS por denegación del Ingreso Mínimo Vital, solicitando reconocimiento y retroactividad.

AL JUZGADO DE LO SOCIAL DE [LOCALIDAD]
QUE POR TURNO CORRESPONDA

D./D.ª [NOMBRE_ABOGADO_CLIENTE] (1), [GRADUADO SOCIAL/ABOGADO] en ejercicio, con tarjeta de identidad profesional [NÚMERO] y domicilio a efectos de notificaciones en [DOMICILIO_DESPACHO], actuando en nombre de D./D.ª [NOMBRE_CLIENTE], representación que acredito con copia de escritura de poder que acompaño, con el ruego de su devolución, testimoniada que lo sea, ante el juzgado comparezco y, como mejor proceda en Derecho,

DIGO

Que mediante el presente escrito formulo DEMANDA CONTRA RESOLUCIÓN DENEGATORIA DE PRESTACIÓN POR INGRESO MÍNIMO VITAL, contra el INSTITUTO NACIONAL DE LA SEGURIDAD SOCIAL, Dirección Provincial de [LUGAR], con domicilio en C/ [CALLE], n.º [NÚMERO]. Demanda que apoyo en los siguientes

HECHOS

PRIMERO.- El pasado [DÍA] de [MES] de [AÑO] mi representado solicitó al INSS la prestación del ingreso mínimo vital para él y [ESPECIFICAR OTROS MIEMBROS DE LA UNIDAD FAMILIAR], la cual me fue denegada por resolución de fecha [DÍA] de [MES] de [AÑO], en base a:

- [ESPECIFICAR].
- [ESPECIFICAR].
- [ESPECIFICAR].

(Adjunto solicitud y resolución denegatoria como doc. 1 y 2). (2)

SEGUNDO.-Contra dicha resolución denegatoria, en tiempo y forma interpuse reclamación previa, que es nuevamente desestimada con fecha [DÍA] de [MES] de [AÑO]. Nuevamente el INSS alude para negar la prestación:

- [ESPECIFICAR].
- [ESPECIFICAR].
- [ESPECIFICAR].

(Adjunto segunda resolución denegatoria como doc. 3). (3)

TERCERO.- Como se demuestra de la documentación que acompaña al presente escrito como documental, mi mandante convive con su esposo/a en el domicilio conyugal y carece de rentas e ingresos suficientes para sufragar las necesidades elementales cumpliendo con los requisitos que se enumeran [SEGÚN CORRESPONDA]:

1. Personas beneficiarias
   - [ESPECIFICAR].
   - [ESPECIFICAR]. **(4)**
2. Titularidad del ingreso mínimo vital
   - [ESPECIFICAR].
   - [ESPECIFICAR]. **(5)**
3. Unidad de convivencia
   - [ESPECIFICAR].
   - [ESPECIFICAR]. **(6)**
4. Situaciones especiales
   - [ESPECIFICAR].
   - [ESPECIFICAR]. **(7)**
5. Consideración del domicilio en supuestos especiales
   - [ESPECIFICAR].
   - [ESPECIFICAR]. **(8)**
6. Convivientes sin vínculo de parentesco
   - [ESPECIFICAR].
   - [ESPECIFICAR]. **(9)**
7. Requisitos de acceso
   - [ESPECIFICAR].
   - [ESPECIFICAR]. **(10)**
8. Situación de vulnerabilidad económica
   - [ESPECIFICAR].
   - [ESPECIFICAR]. **(11)**
9. Rentas familiares. Cómputo de los ingresos y patrimonio

Las únicas rentas familiares consisten en [ESPECIFICAR]. **(12)**

Atendiendo al cómputo de los ingresos del ejercicio tenido en cuenta para lucrar el derecho:
   - [ESPECIFICAR].
   - [ESPECIFICAR]. **(12)**

CUARTO.- Considerando cumplir todos y cada uno de los requisitos exigidos para ser beneficiario del IMV, mi mandante considera que las resoluciones denegatorias del derecho son arbitrarias y no concuerdan con el cumplimiento de la Ley 19/2021, de 20 de diciembre, por la que se establece el ingreso mínimo vital.

A los anteriores hechos son de aplicación los siguientes

FUNDAMENTOS DE DERECHO

PRIMERO.- LEGITIMACIÓN

Le corresponde al demandante en atención a lo prevenido en los arts. 17 y 140 de la LRJS.

SEGUNDO.- JURISDICCIÓN

Corresponde a la jurisdicción social, con arreglo a lo establecido en el art. 2 de la LRJS y 9.1 y 9.5 de la LOPJ.

TERCERO.- COMPETENCIA

Es competente el Juzgado de lo Social al que nos dirigimos de conformidad con lo dispuesto en los arts. 6 y 10 de la LRJS.

CUARTO.- PROCEDIMIENTO

Por tratarse de una materia de seguridad social el procedimiento adecuado sería el establecido en los arts. 80 a 101 de la LRJS, con las particularidades establecidas en los arts. 140 y ss. del mismo texto legal.

QUINTO.- RECLAMACIÓN ADMINISTRATIVA PREVIA

Dando cumplimiento a lo ordenado por el art. 71 de la Ley 36/2011, de 10 de octubre, reguladora de la jurisdicción social, aporto con la presente demanda, original de la reclamación previa interpuesta ante la entidad gestora competente por la materia.

SEXTO.- FONDO DEL ASUNTO

— El Real Decreto Legislativo 8/2015, de 30 de octubre, por el que se aprueba el texto refundido de la Ley General de la Seguridad Social, en concreto sus artículos 42, 71 y 109.

— Ley 19/2021, de 20 de diciembre, por la que se establece el ingreso mínimo vital.

— Arts. 140 y ss. de la Ley 36/2011, de 10 de octubre, Reguladora de la Jurisdicción Social.

— Constitución Española, en concreto sus artículos 10, 24.1, 39, 40.1, 41, 42, 47, 53.

— En el presente caso también interesan los siguientes pronunciamientos judiciales: (13)

- STSJ de Galicia n.° 2134/2023, de 4 de mayo de 2023, ECLI:ES: TSJGAL:2023:2754. Donde, estimando del recurso interpuesto, el TSJ reconoce el IMV indicando que, a los efectos de determinar la unidad de convivencia para tener derecho al mismo, la componen el actor y su esposa, no pudiéndose incluir a la nieta, que, aunque reside con ellos, la madre tiene la guarda y custodia, y no vive en el mismo domicilio.

  «(...) si no cabe incluir a la nieta en la unidad de convivencia al tener su guarda y custodia la madre, que no convive en ese domicilio, la unidad de convivencia se constituye por el actor y su esposa y en tanto dicha unidad de convivencia no alcance la cuantía de la renta garantizada en los términos del art. 10 del RDLey 20/2020, procede reconocer el ingreso mínimo vital en la cuantía reglamentaria correspondiente a esa unidad de convivencia, de modo que procede estimar en parte el recurso y revocar la Sentencia recurrida, en tales términos».

- STSJ de Madrid, rec. 1276/2022, de 3 de febrero de 2023, ECLI:ES: TSJM:2023:1211, relativa a la acreditación de la existencia de pareja de hecho:

  «(...) no exigiendo la norma que regula la prestación de ingreso mínimo vital para la situación de convivencia como pareja de hecho, ningún requisito formal o "ad solemnitatem" sino la convivencia con análoga relación de afectividad a la conyugal de forma estable y notoria con carácter inmediato a la solicitud de la prestación y con una duración ininterrumpida no inferior a cinco años, la desestimación declarada en instancia desborda la exigencia legal, procediendo por tanto, la estimación del recurso y la revocación de sentencia».

- **STSJ de Madrid, rec. 309/2022, de 3 de febrero de 2023, ECLI:ES: TSJM:2023:1226.** La cuestión a resolver en esta sede de suplicación consiste en determinar si el importe recibido por el actor como Renta Activa de Inserción (RAE) computa como ingresos previos a la hora de establecer la cuantía del Ingreso Mínimo Vital (IMV).

    «El Ingreso Mínimo Vital (IMV) es una prestación no contributiva que otorga el Instituto Nacional de la Seguridad Social (INSS) para garantizar un mínimo de ingresos a aquellas personas o familias que se encuentran en situación de vulnerabilidad económica. De ese modo, sus rentas mensuales se pueden ver incrementadas.

    Una cosa es que la RAI sea compatible con el IMV y otra bien dispar el importe recibido por la RAI no compute como ingresos previos a la hora de establecer la cuantía del IMV.

    Es decir, la RAI es compatible con el IMV, si bien el importe de la misma computa como ingresos previos a la hora de establecer la cuantía resultante del IMV.

    A lo que se refiere el artículo 8.2 del RDL 20/2020 es a los salarios sociales, rentas mínimas de inserción o ayudas análogas de asistencia social concedidas por las comunidades autónomas, y otros ingresos y rentas de acuerdo con lo previsto en el artículo 18, pero no a la Renta Activa de Inserción (RAI) concedida por el Servicio Público de Empleo Estatal y no por una Comunidad Autónoma, que es una prestación de carácter no contributivo».

- **STS n.º 1008/2023, de 28 de noviembre de 2023, ECLI:ES:TS:2023:5223.** Donde se indica que el acceso de los convivientes sin vínculo de parentesco al ingreso mínimo vital se aplica a partir del RDL 3/2021

Por lo expuesto,

SUPLICO AL JUZGADO DE LO SOCIAL que, teniendo por presentado este escrito con los documentos y copias que se le acompañan, se sirva admitirlo y, en su virtud, tener por interpuesta DEMANDA SOBRE RECONOCIMIENTO DE INGRESO MÍNIMO VITAL contra el INSS Dirección Provincial de [LUGAR], dicte Sentencia por la que se revoquen la Resoluciones del INSS, que deniegan el derecho de D./D.ª [NOMBRE_ CLIENTE] al Ingreso Mínimo Vital, con los efectos legales inherentes a tal declaración, y se resuelva a su favor el derecho a percibirlo con retroactividad al [DÍA] de [MES] de [AÑO]. (14)

En [PROVINCIA], a [DÍA] de [MES] de [AÑO].

[FIRMA]

OTROSÍ DICE: esta parte asistirá al acto del juicio acompañada de [LETRADO/ GRADUADO SOCIAL].

Por ser justicia, fecha y lugar «ut supra».

[FIRMA]

SEGUNDO OTROSÍ DICE: interesa al derecho de esta parte se practiquen los siguientes medios de PRUEBA:

— DOCUMENTAL que se acompaña al presente escrito: (15)

- DNI de la solicitante.
- Libreta de familia.

- Inscripción como demandante de empleo.
- Informe de exclusión Social de los Servicios Sociales del Ayuntamiento [AYUNTAMIENTO].
- Solicitud del IMV presentada y su justificante de presentación.
- Resoluciones denegatorias de fecha [FECHA] y [FECHA].
- Padrón de la unidad familiar.
- Contrato de Alquiler.
- Declaración de IRPF de la demandante del año [AÑO].
- [...].

Y por ello,

SUPLICO AL JUZGADO DE LO SOCIAL:

Tenga por hechas las anteriores manifestaciones a los efectos oportunos y admitiendo la prueba que se articula ordene lo conducente para su práctica.

Por ser justicia, fecha y lugar «ut supra»

[FIRMA]

---

(1) Las partes podrán comparecer por sí mismas o conferir su representación a abogado, procurador, graduado social colegiado o cualquier persona que se encuentre en el pleno ejercicio de sus derechos civiles. La representación podrá conferirse mediante poder otorgado por comparecencia ante el secretario judicial o por escritura pública. En el caso de otorgarse la representación a abogado deberán seguirse los trámites previstos en el art. 21.2 de la LRJS.

(2) Citar motivos de la denegación por parte del órgano competente.

(3) Será requisito necesario para formular demanda en materia de prestaciones de Seguridad Social, que los interesados interpongan reclamación previa ante la Entidad gestora de las mismas.

(4) Especificar teniendo presente el art. 4 de la Ley 19/2021, de 20 de diciembre.

(5) Especificar teniendo presente el art. 5 de la Ley 19/2021, de 20 de diciembre.

(6) Especificar teniendo presente el art. 6 de la Ley 19/2021, de 20 de diciembre.

(7) Especificar teniendo presente el art. 7 de la Ley 19/2021, de 20 de diciembre.

(8) Especificar teniendo presente el art. 8 de la Ley 19/2021, de 20 de diciembre.

(9) Especificar teniendo presente el art. 9 de la Ley 19/2021, de 20 de diciembre.

(10) Especificar teniendo presente el art. 10 de la Ley 19/2021, de 20 de diciembre.

(11) Especificar teniendo presente el art. 11 de la Ley 19/2021, de 20 de diciembre.

(12) Especificar teniendo presente el art. 20 de la Ley 19/2021, de 20 de diciembre.

(13) Sentencias a modo de ej. Consignar según la pretensión.

(14) Concretar la pretensión. Ej.: «Se calcule el IMV según los ingresos reales del periodo [PERIODO]-[PERIODO], con los incrementos previstos para [LOS SUPUESTOS DE ALQUILER DE VIVIENDA]»; «Se calcule el IMV teniendo en cuenta la existencia de una unidad de convivencia monoparental con el hijo de mi mandante [NOMBRE_HIJO]», etc.

(15) Especificar toda la documentación necesaria para justificar las alegaciones realizadas.